U0132195

天壹文化

以声音书写文字，分享人类情感

自爱自在

苏东坡的
生活哲学

衣若芬

- 著 -

天地出版社 | TIANDI PRESS

目　录

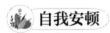 **自我安顿**

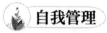 **自我管理**

乐活自我

倍万自爱：学着苏东坡爱自己，享受快意人生

苏东坡在写给友人的书信最后，经常用"倍万自爱"或类似文字做结语，比如：给王逈——"伏冀倍万自爱"；给释法言——"惟万万自爱"；给王箴——"余惟万万保爱"。

在台北故宫博物院，我们还能看到他的笔迹——《致梦得秘校尺牍》(又名《渡海帖》)，这是东坡写给赵梦得的告别信，信里写道：

轼将渡海，宿澄迈。承令子见访，知从者未归，又云"恐已到桂府"。若果尔，庶几得于海康相遇；不尔，则未知后会之期也。区区无他祷，惟晚景宜倍万自爱

耳。匆匆留此纸令子处，更不重封。不罪！不罪！轼顿首。梦得秘校阁下。六月十三日。

北宋哲宗元符三年（1100），东坡结束了在海南儋州的贬谪生活，奉诏命迁徙到廉州（广西合浦）。那天六月十三日，他住在澄迈（海南澄迈），准备渡海北归。赵梦得的儿子来拜访他，他才晓得赵梦得还没回来。不能当面向一直关照他的友人致谢，东坡心中快快，期待能在两人的旅途交会点相遇，否则不知何日才能相见。东坡说：我没有别的祝祷，只希望您晚年千万保重自己！

"晚景宜倍万自爱"，东坡说与友人；"倍万自爱"，反向来说，是"爱自万倍"，提醒自己，风烛残年，除了万倍地好好照顾自己、爱护自己，还渴求些什么呢？

有句话说："千金难买早知道。"早知道早好。我们当然不必等到人生的倒数阶段才来爱自己。"爱自己"应该是人生自始至终的信念和原则，唯有我们好好爱自己，懂得爱的态度和方法，才能推己及人，爱他人、爱万物、爱世界。

相对的，也唯有我们懂得什么是爱自己最好的形式，才能和他人沟通，表达"我希望你这样爱我"。

"我非生而知之者，好古，敏以求之者也。"孔子可能被当时拥护他的门人弟子崇拜如天才吧，他老人家并不沾沾自喜，而是告诉他们，自己是如何做到的：我不是天生就知道世间许多事情的道理，我是喜爱向古人学习，勤勤恳恳寻求得来的。

"求之"的途径，主要是读书。读什么书呢？我想可以选与自己性情接近的作者的书来读。

我选的，就是苏东坡。

我研究苏东坡、开设苏东坡文学和艺术的课，发现他的观点和行为契合现当代。我想，其中有两种可能：一是他的超前和普世；一是我们受他的影响，潜移默化，日用而不自知。直到千年以后，我们还说："要储蓄，以备'不时之需'。"遇到棘手的案子，得查个"水落石出"。"不时之需""水落石出"，都出自东坡的《后赤壁赋》。比如谈到竞争，我们勉励彼此"胜固欣然，败亦可喜"，这是出于东坡的《观棋》诗。东坡不仅为现代汉语贡献了很多个成语，而且其词汇和语句内在的逻辑和价值观也对后世影响深远。

那么，"倍万自爱"的苏东坡，他的"自爱"逻辑与价值观是什么呢？他是信口说说，还是躬行贯彻？我们如何学习？怎样觉察我们被他渗透的情形呢？你现在读着的这本小书，便是我尝试做出的解答。

本书分成四个区块：自我存在、自我安顿、自我管理、乐活自我。

"自我存在"区块，我将带领大家从东坡的前世传说和梦境异事认识东坡的生命本质。

"自我安顿"区块，我们一起学习东坡对人情世态的体悟。

"自我管理"区块，我将从心理学、管理学、认知科学等角度分析东坡的欲念和逆商。

"乐活自我"区块，我们一起来看东坡如何营造生活乐趣。

需要说明的是，本书无意自命为指导读者们"爱自己"的标杆。东坡绝非超世神佛，也不算道德圣贤，他是真真切切努力活过一生的人。他的一生，从出生到去世的具体的年月日，清清楚楚；他赢得的掌声、吃过的苦头、怎样当官、为什么坐牢，也都记载得明明白白。很难说他符合世俗对"成功"的定义，甚至从他晚年一再被贬谪，被贬谪之地一次比一次荒远的境遇来看，他政坛失势，潦倒不堪，即使他好好爱自己，可能在有些人看来，他也不构成典范，遑论学习。

所以，本书的定位，是以东坡为实例，陪伴读者自我认知和成长，不熬"鸡汤"，更不说教。我选择比较特殊和有意思的东坡故事和作品，和读者分享"东坡是这样做、这样想的"。还是孔子说得好："见贤思齐焉，见不贤而内自省也。"读者自可判断是否要模仿东坡的言行。我也不强做解人，把自由自在的东坡说成高高在上的大师；我的陈述，只是表达我是这样理解东坡的，读者当然也自可赞许或反对。

还有，本书呈现的东坡故事不一定全部为史实。我采纳一些笔记丛谈，尽量挑不过于离谱的内容。这些故事聊备一说，代表某一作者或某个时代所相信的东坡形象，或者为增添趣味性而敷衍夸张，那是为达到塑造东坡这个超级 IP（IP，意为"知识产权"，是英文 intellectual property 的缩写）的效果。假如我能加以考察，会在文中说明真相。

本书在每个区块之前做一短文小引，提出话题和脉络。每篇文章设计"思考练习"，请你想一想，经由知道"我是这样想的"来认识你自己。你的想法很有可能会游移或改变，所以我鼓励你写下来，读着你的答案，和真正的自己坦诚相见。每个区块最后，有三点我的小结语，我称为"有此衣说"，就是"衣若芬这样说"，不是标准答案。我希望你也可以写下你的"有此 × 说"。

这本书可以作为你的人生笔记，长期保存，时时回顾，也可以和你的亲友分享，爱己爱人。

衣若芬书于新加坡

2020 年 5 月 2 日初稿，

6 月 8 日修改，7 月 12 日再修改

自我存在

我曾经写过一篇文章，题目是"自我的凝视"，谈的是白居易写自己照镜子和观看自己画像的诗。人有双眼得见万物，唯独看不到自己。日本服装设计师山本耀司曾在接受访谈时说：

"自己"这个东西是看不见的，撞上一些别的什么，反弹回来，才会了解"自己"。所以，跟很强的东西、可怕的东西、水准很高的东西相碰撞，然后才知道自己是什么，这才是自我。

白居易通过镜子和画家为他绘制的画像凝视自我，山本耀司则通过更强烈、力道更大的冲击反弹认识自我。你呢？你如何感知自我的存在？

这一个区块我们从四个方向思考自我的存在。本书既然谈"爱自己"，那么，爱自己会不会很自私？什么是自我？我的出生日期和时间，是否就决定了我的命运？还有，梦境是我的潜意识吗？我能不能回想梦境，了解自己？

爱自己会不会很自私？

"爱自己"好像是个"伪命题"啊！我们从小就被教育要博爱合群、助人利他，长大以后也时常提到要为别人着想、要懂得换位思考，我们一直强化的，是去除"我"的本位主义。儒家说要"毋意，毋必，毋固，毋我"，佛家说不可秉持"我执"，"爱自己"不就"犯规"了吗？

如果你也有这样的迷思，恭喜你，你找到这本和你一起探索的书啦！

"爱自己"是人的本能吗？

我们先来想一想，"爱自己"是人的本能吗？如果是人的本能的话，是不用学的。西格蒙德·弗洛伊德（Sigmund Freud, 1856—1939）认为，人类的行为受两种本能的力量驱动：生（life instincts, eros）和死（death instincts, thanatos）。前者指为生存繁衍而饮食、性交，后者指不顾活命而争斗、破坏。这其中都不包括"爱"。

也就是说，"爱"，无论爱己还是爱人，都是社会化的行为。既然是后天的，就是习得的。既然是习得的，对象不同、文化环境不同，都会影响我们学习"爱"。

《荀子·子道》载，孔子向学生子路、子贡以及颜渊分别问了同样的问题：智者怎么样？仁者怎么样？我们一个个看他们的回答。

子路入，子曰："由，知者若何？仁者若何？"子路对曰："知者使人知己，仁者使人爱己。"子曰："可谓士矣。"

"知者"的"知"通"智"。子路说："智者让别人了解自己，仁者让别人爱自己。"孔子说："子路可以称得上读书人。"

子贡入，子曰："赐，知者若何？仁者若何？"子贡对曰："知者知人，仁者爱人。"子曰："可谓士君子矣。"

子贡回答："智者懂得去了解别人，仁者懂得爱别人。"孔子说："子贡可以称得上有德行的读书人。"

颜渊入，子曰："回，知者若何？仁者若何？"颜渊对曰："知者自知，仁者自爱。"子曰："可谓明君子矣。"

颜渊回答："智者了解自己，仁者爱自己。"孔子说："颜渊可以称得上明白事理的读书人。"

你能看出孔子这三种评价的区别吗？孔子评价最高的回答，是"知者自知，仁者自爱"啊！

"自爱"是不是"自私"呢？

那么，"自爱"是不是"自私"呢？东坡也认可"自爱"吗？

东坡用两个相对的词"同安"和"独乐"辨析这个问题。他说：

> 夫太古之初，本非有善恶之论，唯天下之所同安者，圣人指以为善，而一人之所独乐者，则名以为恶。天下之人，固将即其所乐而行之，孰知夫圣人唯其一人之独乐不能胜天下之所同安，是以有善恶之辨。而诸子之意，将以善恶为圣人之私说，不已疏乎？

这段话好像很复杂，我们先了解一下背景。北宋仁宗嘉祐六年（1061），二十五岁的东坡（这时他还没有号"东坡居士"，为了表示叙述的一致和亲切，本书都直接称他"东坡"）参加制科考试，献《进策》《进论》各二十五篇，这段文字出于其中的《扬雄论》。

扬雄是西汉的思想家，他在著作《法言》中写道："人之性也善恶混。修其善则为善人，修其恶则为恶人。"他认为人不是孟子说的性善，也不是荀子说的性恶，而是善恶混杂的。人是善是恶，要看他怎么"修"。

也可以说，善恶是后天决定的。

东坡反对扬雄的说法，他主张人最初无善也无恶。天下人都过着平安的生活，圣人称那是"善"；一个人过着自己快乐的生活，圣人称那是"恶"。这里的"善恶"并不指是非对错，圣人也没有说"独乐"不能胜过"同安"。

范仲淹在《岳阳楼记》中写"先天下之忧而忧，后天下之乐而乐"，标榜个人之乐在天下之乐后面。孟子说，独乐乐，不若与众乐乐。又说"穷则独善其身，达则兼善天下"。他们都没有否定"独乐"的意义，而是认为有优先级，或是依个别情境看待"独"和"众"。

一人独乐，天下同安

换句话说，"独乐"不需要被否定，甚至我们可以往前推衍：如果一个人不能"独乐"，天下怎可能"同安"？即使表面上天下"同安"，一个人不"独乐"，那么"同安"对这个不乐的人也是没有意义的。

再说，"独乐"不妨碍"同安"。一个人"独乐"而让天下不安，那就是自私了。所以，"独乐"和"同安"之间，应该取得平衡，达到和谐，用现代的观念来说，就是个人自由既不能违背公共秩序也不能影响他人自由，不能对他人的行动先入为主地强加判断。这样的"独乐"，就是尊重他人的，是健康的"爱自己"。

这是二十五岁的东坡在考试时提交的文章中所体现出来的思想，是他踏上仕途前的青年思考，可以看成他的"初心"。这"爱自己"的初心，是否会被日后的政治现实磨损呢？我们继续追随东坡去看看吧。

思考练习

你认为"爱自己"和"爱他人"有没有差别？

前世今生

谈到人生的大问题，有一个老段子说，就像机关大楼的守卫拦住你，问："你是谁？你从哪里来？你要往哪里去？"

我从哪里来？这个问题从生物学的角度容易回答：我因父母亲的结合而来。假如不放心，还可以做基因检测，鉴定血缘关系。然而，我为什么是这个样态的"我"？我怎样认知自己的存在呢？

看见自己

法国精神分析学家雅克·拉康（Jacques Lacan，1901—1981）指出，人类在成长过程中会经历一个"镜像阶段"（mirror stage）。六到十八个月大的婴孩对自我的认识是模糊的，当他发现镜子里的婴孩正是自己时，会产生愉悦，甚至自恋的情感。家里有婴孩或是养宠物猫狗的人可能有经验，给猫狗照镜子，它们大多不感兴趣，更不晓得镜子里是自己的影像。给婴孩照镜子，他们看见镜子里的影像戴着红帽子，可能会伸手想拿镜子里的红帽子。当他们知道原来戴着红帽子的婴孩就是自己后，便开始喜欢照镜子。这时，他们已经有了自我的存在意识。

所以，自我的存在要有反映影像的对象，我们通过影像看见自己。也就是说，"我"是和"非我"并存的，要从"非我"体现出"我"。要解释"我是谁"，我的实体肉身物质性的存在，靠的是虚化的像——镜像，或是他人的眼光。

我们常说要摆脱他人的束缚，单纯地做自己，说起来很豪爽，实际上很难做到。我曾经写过一篇小说，主人公的家人忙着出门，她问家人要去哪里，没有人回答，于是她就跟着家人一起走，然后，走到灵堂，看见了自己的照片。不在他人的眼中、心底存在着，就等于"没有"。即使是深山的隐士，如果没有让世间知道讯息，那便如王维诗中所说，是"空山不见人"；有了讯息，才会"但闻人语响"。

梦见前世

除了揽镜自照和与人交流，东坡的"非东坡"比较奇特，他和同时代的一些文人喜欢谈"前世"。酷好神仙之术的李白，被赏识他的贺知章捧为"天上谪仙人"，是天仙下凡哪！笃信佛教的王维，说自己"宿世谬词客，前身应画师"，简直就是被写作耽误的大画家啊！我想，对王维来说，"前身应画师"是用来强调他爱绘画的修辞手法。

宋人谈起前世认真得很。比如郭祥正，就是闹出东坡《功甫帖》大动静的郭功甫，他的母亲梦见李白而生他，于是他就说自己是李白后身。

东坡呢？相传他的母亲程夫人怀着他时，梦见一个瘦高个子、瞎了一只眼睛的和尚来家里求寄宿。这个故事在北宋名僧惠洪的《冷斋夜话》中有记载。后人踵事增华，敷衍成程夫人梦见的这位僧人是五祖戒禅师。故事又继续发展，说五祖戒禅师为红莲破色戒，被人发现，羞愧而亡，转世投胎成东坡；红莲则转世投胎为东坡的红颜知己朝云。

似曾相识

另一个和东坡时代相近的文人何薳在《春渚纪闻》里记录了东坡在杭州任职时的故事。有一次，东坡和僧人参寥去寿星寺，他对参寥说："我从来没有来过这里，但眼前的景物，都好像曾经见过。从这里走到忏堂，一共有92级台阶。"参寥派人数了数，果然没错。东坡说："我上辈子是这里的僧人。"

还有一个有关东坡前世的叙述，体现在他的诗《题灵峰寺壁》中：

灵峰山上宝陀寺，白发东坡又到来。前世德云今我是，依稀犹记妙高台。

我在本书序言中说过，东坡在哲宗元符三年（1100）六月十三日留书信给赵梦得，期盼二人能在海康相见，但过了几天，两人还是无缘相见。东坡没能当面辞别赵梦得，六月二十日，他乘船离开海南岛，一路北行，来到广州附近灵峰山上的宝陀寺。宝陀寺让他联想到他多次参访的镇江金山寺。金山寺有个妙高台。他写过《金山妙高台》诗：

我欲乘飞车，东访赤城子。蓬莱不可到，弱水三万里。不如金山去，清风半帆耳。中有妙高台，云峰自孤起。仰观初无路，谁信平如砥。台中老比丘，碧眼照窗几。巉巉玉为骨，凛凛霜入齿。机锋不可触，千偈如翻水。何须寻德云，即此比丘是。长生未暇学，请学长不死。

《题灵峰寺壁》里"前世德云今我是"中的"德云"，就是《金山妙高台》里"何须寻德云，即此比丘是"中的"德云"——传说妙峰山上住着一个佛法高深的僧人，叫德云。金山寺妙高台就取意于妙峰山，东坡说金山寺的比丘道行崇高，人们来这里问道，不必再去寻求德云比丘。

东坡说自己前世是德云，和王维说自己"前身应画师"一样，是一种文学修辞吗？联系惠洪和何薳的记载，我觉得东坡相信他有佛缘。先回到《题灵峰寺壁》，现今网络上还传播着清代的错误批注，说东坡认为自己前世是宝陀寺的老住持德云和尚，又画蛇添足说东坡和德云和尚长得像，这都是无稽之谈，是不了解"德云"的由来而瞎扯。

"前世德云今我是"，是东坡的自我存在认知：我有一个映照今生的镜像——德云，他为善财童子说法解疑；今生的我，也愿像德云，为利益众生而前行。

有没有什么人是你学习、仰慕的镜像？你如何回答人生大门守卫的问题？你是谁？你从哪里来？你要往哪里去？

时也命也

　　东坡出生于北宋仁宗景祐三年农历十二月十九日，也就是公元 1037 年 1 月 8 日。我在《书艺东坡》里提到了东坡是摩羯座，引起读者询问，以为我是星座达人。也有读者质疑——拿西洋占星术解说苏东坡，合适吗？

　　我只能坦承：东坡是摩羯座，是他自己在文章里写的啊！源于古巴比伦的占星术，在隋唐时期就经天竺（印度）传到了中国，杂食的书虫东坡，懂一点儿星象学并不奇怪。

摩羯男东坡过生日

　　东坡很重视自己的生日，常写他怎样过生日，收到了什么礼物。比如《李委吹笛并引》："元丰五年十二月十九日，东坡生日，置酒赤壁矶下，踞高峰，俯鹘巢……"那年（1082）他谪居黄州（湖北黄冈），生日时和郭遘、古耕道两位友人去赤壁游赏、喝酒，一位叫李委的进士为他创作了新的笛曲《鹤南飞》。

又有一年，朋友送诗为他祝寿，他回赠《谢惠生日诗启》，提到："摄提正于孟陬，已光初度；月宿直于南斗，更借虚名。"这里用了屈原和韩愈的典故。屈原《离骚》开篇写道：

帝高阳之苗裔兮，朕皇考曰伯庸。摄提贞于孟陬兮，惟庚寅吾以降。皇览揆余初度兮，肇锡余以嘉名。

大意是说：我是古帝高阳氏的后代，先父叫伯庸；我出生在寅年正月庚寅日，父亲根据我的生日，为我取了好名字。

东坡"摄提正于孟陬"，就是屈原说的"摄提贞于孟陬"，"正"和"贞"相通用。东坡生于丙子年十二月，生肖属鼠，和生于寅年正月的屈原不同，他把屈原的生日写在诗里，作为某种"致敬"，表示他效法先贤。

屈原是中国历史上第一位明确记载自己出生年月日的诗人，虽然由于历法不同，现在对屈原出生年月日的看法有很大的分歧，但至少我们知道端午节吃粽子不是为屈原庆祝生日。

东坡的"月宿直于南斗"出自韩愈《三星行》诗："我生之辰，月宿南斗。"东坡从而推算出韩愈的身宫在摩羯，自己的命宫在摩羯，想到自己"平生多得谤誉"，真是和韩愈同病相怜哪。

后来，葛立方的《韵语阳秋》还为东坡进一步推算，说他是命宫、身宫都在摩羯，一生的谤誉比韩愈还多。

生命曲线

再后来，宋代王宗稷作《东坡先生年谱》为东坡推算八字：丙子年，辛丑月，癸亥日，乙卯时。王宗稷说："丙子癸亥，水向东流，故才汗漫而澄清。子卯相刑，晚年多难。"

东坡二十岁时和父亲苏洵、弟弟苏辙进京应考。第二年进士及第，名震京师。二十五岁步入政坛，成为被期许为未来宰相的人才。此后四十年宦海浮沉，数度起落，前后只有七年在朝廷任职，其余时间都在做地方官，还有十二年被贬谪流放。

高开低走，中途震荡。他的生命曲线在北宋元丰二年（1079）跌至谷底，那一年他因诗文获罪，被又称"乌台"的御史台提拘审讯，关押一百三十天。这桩"乌台诗案"使他被贬谪到黄州。从此，除了五十岁到五十七岁期间回朝廷，以及担任杭州、颍州、扬州、定州知州，从五十八岁直到六十五岁去世，东坡主要谪居在惠州和儋州。

再算一命

为何如此？东坡一定很困惑。他离开广州，翻度大庾岭，来到江西虔州，遇见谢晋臣，请他算命。《赠虔州术士谢晋臣》诗曰：

属国新从海外归，君平且莫下帘帷。前生恐是卢行者，后学过呼韩退之。死后人传戒定慧，生时宿直斗牛箕。凭君为算行年看，便数生时到死时。

东坡把自己比喻成流徙北海十九年的西汉苏武。苏武不肯屈服于匈奴，回国后官拜典属国。善卜筮的西汉人严遵（字君平）平时在成都以算命为生，赚到足够的生活费后便闭门钻研《道德经》。"前生恐是卢行者，后学过呼韩退之"这一联也见于东坡给周彦质的《答周循州》诗，诗中将"前生恐是卢行者"写作"前生自是卢行者"。"卢行者"就是六祖慧能，俗姓卢。东坡再三注意自己的生命镜像投射，和德云比丘一样是佛门中人，不同的是，德云开示善财童子，慧能创立禅宗法脉，延续性更强。东坡显然更重视慧能死后传戒定慧的修炼法门。东坡又提到自己和韩愈由于生辰而被相提并论，这是否是他一生困顿的原因？东坡请谢晋臣铁口直断他的流年，看他还有多少阳寿。

我们不晓得谢晋臣对东坡说了什么，如果谢晋臣算艺高明，他或许知道东坡大限不远，但是他会不会和盘托出呢？

是的，这样一个在波涛中摸爬滚打，始终挣扎呼吸的顽强生命，就是东坡。他还想知道他的未来。

北宋徽宗建中靖国元年农历七月二十八日，即公元1101年8月24日，东坡病逝于江苏常州。距离他请谢晋臣算命，不到半年。

如梦之梦

你有失眠的困扰吗？东坡很少失眠，他还睡午觉呢。

东坡睡得好，还救了自己。何薳《春渚纪闻》记载，"乌台诗案"发生后，东坡被关押。一天晚上，有人带了个小箱子进他的牢房，用箱子当枕头，倒地就睡。大约半夜两点，那个人推醒东坡，向他贺喜，东坡问那个人喜从何来，那个人说："您安心睡吧！"然后拿起小箱子走了。原来，朝廷有意刺探他的心理状态，所谓"白天不做亏心事，夜半不怕鬼敲门"，东坡胸怀坦荡睡得好，"鼻息如雷"，无事！那个陪睡的小吏大概被东坡的鼾声吵得受不了吧。

他睡得好，也害了自己。在惠州他写了《纵笔》诗：

白头萧散满霜风，小阁藤床寄病容。报道先生春睡美，道人轻打五更钟。

曾季狸《艇斋诗话》记载，当时东坡的政敌章惇得知他还能"春睡美"，觉得打击他的力道还不够，于是把他贬谪到天涯海角般的海南儋州。

得之于梦

睡得长，梦也多，东坡很会做梦。诗人做梦就是和凡人不一样，他敏感细腻，梦里也在写诗，叫作梦中得句。东坡有时把梦里的诗句记下来，记不全或是梦中句不成一首诗的话，他就补足成篇。他有不少感人的记梦作品，《江城子·十年生死两茫茫》就是梦见原配王弗后所作，他在海南岛还梦见过父亲苏洵和继室王闰之。

更奇妙的是，东坡做过预知梦。比如《应梦罗汉记》写他梦见脸破流血的僧人，第二天在庙里见到了一尊面貌受损的罗汉像，于是请回罗汉像，修整好放进神龛，在母亲程夫人的忌日供奉于黄州安国寺。

现在我们再来讲一个集合了"梦中得句""预知梦"和昼寝的故事。北宋哲宗元祐六年（1091），东坡任颍州（安徽阜阳）知州前，从杭州回京师途中，夜宿吴淞江，他梦见仲殊和尚带了琴来，弹出的琴声很特殊。东坡仔细看了琴，这把琴破损得很严重，而且——咦，琴不是应该有七根弦吗，怎么这琴有十三根弦？东坡正在纳闷，仲殊告诉他："这琴虽然破损，还可以修复。"

东坡问仲殊："为什么这琴有十三根弦？"

仲殊没有回答，口诵一诗：

度数形名本偶然，破琴今有十三弦。此生若遇邢和璞，方信秦筝是响泉。[1]

东坡说自己在梦里明了，可一觉醒来，忘记了。

第二天白日，东坡睡觉，又梦见仲殊来，相同的梦又做一遍，仲殊又诵了同一首诗。东坡这回惊醒了！让他更吃惊的是，真实的仲殊这时刚好来拜访他！

他问仲殊："你晓得你两度入我梦境吗？"

仲殊说不晓得。

当下顿悟

过了三个月，梦中诗里的邢和璞出现了。

邢和璞是个道士。据传，他在唐玄宗开元年间（713—741）和房管出游，到了一间破庙，两人在老松树下歇息。邢道士指了指地面，找人凿开，掘出一个瓮，瓮中藏有唐高宗时大臣娄师德写给智永禅师的书信。

邢道士笑着问房管："你还记得这件事吗？"

房管当下顿悟，原来自己的前身正是智永禅师——书圣王羲之的七世孙。

"邢和璞、房管悟前世"的故事被绘成图画，东坡的堂妹夫柳仲远家就藏有画家宋迪临摹唐画的作品。东坡欣赏了宋迪的画，记叙吴淞江舟中的异梦，还题了诗：

破琴虽未修，中有琴意足。谁云十三弦，音节如佩玉。新琴空高张，丝声不附木。宛然七弦筝，动与世好逐。陋矣房次律，因循堕流俗。悬知董庭兰，不识无弦曲。②

柳仲远见东坡喜爱这幅画，便请驸马都尉王诜临写成短轴，名为《邢房悟前生图》，东坡作诗题其上：

此身何物不堪为，逆旅浮云自不知。偶见一张闲故纸，便疑身是永禅师。③

东坡还写了意味深长的偈诗：

前梦后梦真是一，彼幻此幻非有二。正好长松水石间，更忆前生后生事。④

这四首诗可以从不同层面解读。我在《苏轼题画文学研究》一书中，朝向"证实"的角度分析，对应到元祐年间的政治情势。

我认为房管影射宰相刘挚，在②诗里的琴师董庭兰受房管宠信，结果造成房管败落。③诗里装神弄鬼，拿一张旧纸就让房管怀疑自己是智永禅师的邢道士，意指同样姓"邢"的邢恕，他让本来被司马光擢拔的刘挚，在司马光去世后因与他交往而获罪。

破琴有异声

我们还可以从"悟道"的角度来谈这四首诗。

琴应七弦，秦筝为十三弦，仲殊带到东坡梦里的是十三弦的乐器，而且是破损的。虽然破损，音质却不差，为何如此呢？①诗中仲殊说了，"度数形名本偶然"。琴应七弦，秦筝为十三弦，是谁规定的？就是人嘛！为什么这样规定？"偶然"啊！没有非如此不可的理由。破琴一定不能弹吗？不会的，东坡梦里听见了"异声"。什么是"异声"？就是和平常不同的琴声。"异声"就难听吗？不会的，只不过"不同"罢了。我们何时才能接受秦筝和响泉琴如一？要有像邢和璞那样的人提点。

有了高人提点，就一定能悟道吗？你看房管，虽知道自己前身是智永禅师，但他在此世的作为，没有延续智永禅师的才华和德行。所以，光知道没有用，东坡在②诗中说"陋矣房次律，因循堕流俗"，"房次律"就是房管。东坡批评他鄙陋卑俗。

那么，应该怎么办呢？③诗说"此身何物不堪为，逆旅浮云自不知"，这辈子有如行旅，世事如云烟过眼，用佛家的话来说，是无自性的，不拘执于固定的形态，也拘执不了。只要你保存开明的态度和灵性，就随时可能有机缘开悟。

最后，④诗讲明了："前梦后梦真是一，彼幻此幻非有二。""梦"与"真"都是"幻"。我们很容易联想到《金刚经》里的"一切有为法，如梦幻泡影，如露亦如电，应作如是观"。我们在山水间、古松下讲的前生后生事，到底讲的是什么呢？明知是幻，何必再说？说再多也是空话。

我们毕竟活在"有为法"里面，只能"作如是观"，往那个方向去想、去看，我们做不到气息尚在就化为梦幻泡影。

　　因此，还是要活，超越此生有限生命地活，"前生"加"后生"拉长了活，并且使我们在那活里认知自己的存在。

　　你做过"预知梦"吗？你如何解释"预知梦"？"预知梦"和量子力学、平行宇宙有关吗？

自我存在之 "有此衣说"

1. "爱自己" 不是人类天生就有的本能，需要后天学习。

2. "爱自己" 不等于 "自私自利"。

3. 前世、星座、命理、梦境等，是古人尝试理解个人存在的方式。

自
我
安
顿

上个区块，我们说了东坡从前世、星座、命理和梦境等方向探索自己的存在。近千年前的文化环境，有时代的限制。或许我们对东坡使用的方法嗤之以鼻，觉得毫不可取；要紧的是他的自我知觉，他重视自己有限生命的无尽可能。

　　接下来，我想谈一谈东坡是怎么思考的。

　　我们常常说三观，即世界观、人生观、价值观，三观决定我们如何成为自己，把自己放在社会和世界的什么位置，也就是"自我安顿"。

　　我们学东坡如何爱自己，不必把他的三观套在我们自己身上，而是要学方法；也就是说，看东坡如何钓到鱼，不是直接吃他钓的鱼。何况，每个人的口味不同，东坡喜欢的未必就适合我们。

　　我归纳整理出东坡的四种思考方式：

　　（一）偶然和必然；

（二）对立和统一；

（三）因果关系；

（四）综合混化。

让我们借助这四种思考方式来理解东坡，并且想一想：当我们遇到问题或需要决策时，能不能运用东坡的思考方法来帮助自己？

孤鸿飞影

人生到处知何似，应似飞鸿踏雪泥。泥上偶然留指爪，鸿飞那复计东西。

这是我知道的第一首东坡的诗。我在三毛的书里读到这些句子，学到了"雪泥鸿爪"这个成语。少女时期的我对"偶然"尤其着迷，我想到徐志摩的《偶然》：

我是天空里的一片云，
偶尔投影在你的波心——
你不必讶异，
更无须欢喜——
在转瞬间消灭了踪影。
你我相逢在黑夜的海上，

你有你的，我有我的，方向；

你记得也好，

最好你忘掉，

在这交会时互放的光亮！

多么洒脱浪漫！三毛浪迹撒哈拉沙漠，风沙一刮，足印化为无形，可不就是"在转瞬间消灭了踪影""鸿飞那复计东西"？

后来晓得，诗人名叫苏东坡，是林语堂形容的无可救药的乐天派。我读《红楼梦》时，上小学六年级，不耐烦黛玉的哭哭啼啼，也嫌宝钗现实、凤姐势利、宝玉懦弱，不明白为什么内容这样乱七八糟的书居然算名著。还好有苏东坡的故事，可爱一点儿，诗词也优美。我在笔记本上抄《红楼梦》里的诗词，也抄苏东坡的。没话说，高下立现——可能是我的偏见吧。

林语堂笔下的苏东坡，"无可救药的乐天派"，太浅！

然后，我专门在书展找苏东坡的书来读，发现三毛的书没有写出东坡这首诗的全部内容。这首诗是《和子由渑池怀旧》。子由就是东坡的弟弟苏辙。诗的后四句是：

老僧已死成新塔，坏壁无由见旧题。往日崎岖还记否，路长人困蹇驴嘶。

原来是个挺悲伤狼狈的结局啊。人像鸿雁居无定所，留下的印记也不长久。寻思鸿雁的飞处，没有方向。他们兄弟俩以前认识的僧人奉闲和尚已经死了，之前住过的地方墙壁毁坏，题写过的诗句也看不到了。东坡问弟弟：你还记不记得我们当年进京赶考，马死了，我们只好骑着跛脚的驴蹒跚前进，天地间，只听见驴子的嘶鸣？

这哪里是"无可救药的乐天派"呢？林语堂到底有没有搞懂苏东坡啊？

不管林语堂有没有搞懂苏东坡，我们试着搞懂吧。本篇先讲东坡的四种思维方式之一：偶然和必然。

前面讲的《破琴诗》已经有"偶然"的命题——"度数形名本偶然，破琴今有十三弦""偶见一张闲故纸，便疑身是永禅师"，《和子由渑池怀旧》早于《破琴诗》三十年。初次和从小一块儿长大的弟弟因为工作而分离，写诗应和弟弟对往事故人的追忆，未来充满不确定性，仿佛一切都依赖"偶然"。

偶然和必然

"偶然"，随机而不可掌握，对初涉政坛的青年或许就是"必然"。会被指派到哪里工作？会遇到怎样的上司？必然是偶然的。

中年人的职场，还愿意听命"偶然"吗？

被贬谪到黄州那年，东坡四十四岁。《卜算子·黄州定慧院寓居作》写道：

缺月挂疏桐，漏断人初静。谁见幽人独往来，缥缈孤鸿影。　　惊起却回头，有恨无人省。拣尽寒枝不肯栖，寂寞沙洲冷。

那只看似潇洒，一飞不知去向的鸿雁，如今是"孤鸿"了。他离群索居，成了"幽人"。《周易·履卦》"九二爻辞"说："履道坦坦，幽人贞吉。"《周易·归妹卦》"九二爻辞"说："眇能视，利幽人之贞。"《东坡易传》对"幽人"的解释是才全德厚却失位之人。东坡自比幽人和孤鸿，不肯随意停留在枝头，宁愿不为人知地瑟缩在沙洲。

人世间难道没有"必然"的规律吗？没有"必然"而失序，我们怎样安身立命？北宋哲宗元祐四年（1089），离杭十五年后再次回到杭州任职的东坡，与故旧莫君陈会饮于西湖，作《与莫同年雨中饮湖上》：

到处相逢是偶然，梦中相对各华颠。还来一醉西湖雨，不见跳珠十五年。

还是"偶然"，还是西湖雨珠弹跳，岁月留在两人的苍苍白发上，相见如梦，就像那首老歌唱的："人生何处不相逢，相逢犹如在梦中。"

从飞鸿到孤鸿

由"飞鸿"到"孤鸿"，其实状态没有多大改变。东坡拿鸿雁自比，内心设想的是像依季节迁移的候鸟，有自然的定律和逻辑。"人似秋鸿来有信，事如春梦了无痕"——雪泥上不留鸿爪，然而有"信"。秋风起，北雁南飞，偏偏你是没跟上团体队伍的那一只。年轻时享受孤独，自命卓尔不凡，"信"在自己的控制中。结果惊讶地发现，你自以为的"来去无牵挂"，是没人把你放在眼里，反而是你牵挂着别人。《水调歌头·明月几时有》里的"照无眠，不应有恨"，人生潇洒走一回，不留遗憾；没想到"有恨"是人生的底色，自己的"有恨"还想有人"省"，怜惜你的"有恨"，和你的"恨"共振，真的未免 Too young too simple（太年轻，太天真）。

北宋徽宗建中靖国元年（1101）五月，东坡在金陵（江苏南京）写了《次韵法芝举旧诗》，这是他临终前两个月的作品，也是他对自己如"鸿"的了结：

春来何处不归鸿，非复羸牛踏旧踪。但愿老师真似月，谁家瓮里不相逢。

我们先把这首诗搁着，到本区块最后一篇再细谈。你可能已经注意到，东坡这"飞鸿""孤鸿"成了"归鸿"。

看样子，"偶然"和"必然"都是难以掌控的，自己处于被动的状态。东坡不会甘于如此，他想到另一种对立辩证的思考方式，那就是《赤壁赋》说的"变"与"不变"。

东坡自比鸿雁，李白自比大鹏，杜甫自比凤凰和沙鸥。你呢？你觉得自己像哪一种鸟或是其他动物？

变化是恒常

心理学上有"印刻效应"（imprinting effect）和"首因效应"（primacy effect）的概念，是从观察动物行为推衍到人类的思想和举止得出的。

刚破壳而出的雏鸟，会把第一眼看到的动物当成妈妈，模仿它的举动，即使那并非和自己同种的动物。这就是印刻效应。童话故事里的丑小鸭生长在鸭群里，不晓得自己原来是天鹅，也是类似的原因。

首因效应则是指我们对事物的第一印象会影响我们以后对其的认知。林语堂说东坡是"无可救药的乐天派"，就建立了大多数人对东坡的刻板印象，这印象先入为主，让人不知不觉顺着这个思路去证明刻板印象是正确的。

打破刻板印象

我并不是否定东坡的积极乐观性格，而是认为持有那样的想法，只会把东坡看成扁平的人物，很容易为他贴上"旷达""豪放"的标签，认为"反正他就是很乐观、很幽默的人"，把千回百转的心路历程都简化了。再然后，以为我写"学着苏东坡爱自己"，就是在搬演那套"所以我们要学东坡很乐观、很幽默，这样什么事情都能迎刃而解"的话，智慧的你不用担心，我在这本书里面没有写那样的内容。

前一篇说过，我一直以为《和子由渑池怀旧》全诗只有四句，对后面的四句诗有被"首因效应"影响的认知障碍。打破这种障碍，我采取的是记忆叠加法，老老实实完整地背诵一篇东坡的作品，即本篇要谈的《赤壁赋》。

假如"偶然"和"必然"都捉摸不定，那么其他出路之一，是找明确对立的两个话题，辨析二者的相对和绝对关系。《赤壁赋》提供了鲜明的案例。全文开篇记录时间、人物和地点，架设了论述的场域——"壬戌之秋，七月既望，苏子与客泛舟游于赤壁之下"。那天，是北宋神宗元丰五年（1082）的农历七月十六日。

东坡看纪录片《赤壁赋》

东坡自称"苏子"，而不是"余""吾""我"，表示全知视角的客观性。他把自我客体化，抽离于情景外，这种笔法既合乎赋体文学的问答式书写传统，又有如司马迁在《史记》里自称"太史公"，写"太史公曰"的议论体例。

整篇游记犹如放映纪录片，东坡也是观众。游人的情绪先是高昂："诵明月之诗，歌窈窕之章。"继而逍遥："浩浩乎如冯虚御风，而不知其所止；飘飘乎如遗世独立，羽化而登仙。"然后客人的洞箫声带着大家的情绪往下沉："如怨如慕，如泣如诉，余音袅袅，不绝如缕。舞幽壑之潜蛟，泣孤舟之嫠妇。"

好好的吃喝夜游，怎么突然不开心了呢？

苏子愀然，正襟危坐而问客曰："何为其然也？"

悠哉游哉地欣赏山光水色的东坡脸色一变，整理衣衫，坐直了身子（肢体语言进入严肃讨论状态），问客人："为什么这样呢？"（把很令人愉悦、很有文艺情调、很仙气的游船搞得……）

吹洞箫的客人想到了曹操——你看人家一代枭雄，意气风发，赤壁战败，再不能一统天下，现在呢？功业勋绩什么都没有了。我们渺小的普通人能在这里轻松自在，真想这样一直遨游于天地间，可惜不能啊！

苏子的肢体语言超前"部署"，这时要发挥智识语言的功能了。接下来这段，我们不妨朗读一下：

苏子曰："客亦知夫水与月乎？逝者如斯，而未尝往也；盈虚者如彼，而卒莫消长也。盖将自其变者而观之，则天地曾不能以一瞬；自其不变者而观之，则物与我皆无尽也，而又何羡乎！且夫天地之间，物各有主，苟非吾之所有，虽一毫而莫取。惟江上之清风，与山间之明月，耳得之而为声，目遇之而成色，取之无禁，用之不竭，是造物者之无尽藏也，而吾与子之所共适。"

　　东坡的《赤壁赋》书迹收藏在台北故宫博物院，上面的文字有几个和通行的一般版本不同。比如"渺沧海之一粟"写成"渺浮海之一粟"。"而吾与子之所共适"写成"而吾与子之所共食"。不影响全篇宏旨，这里不展开来比较。

　　朗读文章时，我们能够听见自己的声音，听觉和视觉交互作用，因此非常适合用来理解需要分析的材料。《赤壁赋》是东亚汉文学的超级经典，赏读者历久不衰，我不赘述，只说我的解析。

　　东坡这段话的组织顺序是：

水与月都不变

↓

从变的方向看，天地万物随时都在变

↓

从不变的方向看，天地万物和我都是无穷尽的

↓

有主的物，不属于我

↓

清风明月（无主），无穷尽

我们可以再概括为图示：

洞箫客感慨的人生、生命问题，东坡先用"水月不变"的说法安抚了。接着从两个层面——"观"和"主"来解释，得出的结论是"清风明月无主，无穷

尽"，说服了洞箫客，于是皆大欢喜：

　　客喜而笑，洗盏更酌。肴核既尽，杯盘狼藉。相与枕藉乎舟中，不知东方之既白。

吐槽《赤壁赋》

　　仔细推敲，在此赋中，东坡其实是逻辑不能自洽的。

　　一、先预设"水月不变"，最后推导出"清风明月无主，无穷尽"，问题等于答案；答案满足问题。

　　二、"变"和"穷尽"是两个概念。"变"在《赤壁赋》的语境中包括质变和量变；"穷尽"指的是量变。量变会产生质变，质变会引起新的量变。

　　三、东坡说的"天地""万物"是否包括"我"？

　　这些我们都不细说了，只谈东坡思考人生、生命问题的方法。东坡用对立统一的策略把问题拆解，有康德（Immanuel Kant，1724—1804）的二律背反、黑格尔

（Georg Wilhelm Friedrich Hegel，1770—1831）的正反合三者矛盾协调的意味。东坡拈出的衡量判准，一个是"观"，另一个是"主"。"观"是动态、可自控的，"主"则是对归属性质的认定，我们放在本书最后《月夜闲游》那篇再谈。

观"变"与观"不变"

这里先谈"观"。

东坡在《超然台记》中写道："凡物皆有可观。苟有可观，皆有可乐，非必怪奇伟丽也。"意思是我们能不能感到物之乐，在于我们怎么"观"、能不能发现物的"可观"之处。（你看东坡的叙述，又是先讲了普遍性的结论"凡"，再用疑问式的"苟"去推证。）

"观"就是"看"，我们常说"我对这件事情的看法"——"看法"就是"想法"，我们怎么看，就是我们怎么想。所以，回到上一篇谈的"偶然"与"必然"如何厘清的难题——看你怎么看、怎么想，把"偶然"

和"必然"经由"观"对立起来，便有机会达成统一，因为"观"是动态、可自主的。

有了"观"来平衡及选择"变"和"不变"，你是不是也像洞箫客一样"喜而笑"呢？

等你笑过了，三个月后，东坡再度夜游黄州赤壁，新的问题又来了。

思考练习

你有没有经历过受印刻效应或首因效应影响的事情？后来情形怎么样？

是一是二

就在东坡夜游赤壁，写了《赤壁赋》之后的三个月，十月十五日，东坡又和友人去夜游赤壁。黄州赤鼻矶是一座伸向长江的赭红色岩石，形状像个长鼻子，因为"鼻"与"壁"音近，所以赤鼻矶也叫"赤壁"。

虽然赤鼻矶并非赤壁之战的地点，但东坡在《念奴娇·赤壁怀古》里说："故垒西边人道是，三国周郎赤壁。"《赤壁赋》里的洞箫客也联想到曹操，可以说是假托这本来不起眼的江边红岩抒发了历史兴怀。

那位洞箫客是来自蜀地的道士杨世昌。东坡的诗句"杨生自言识音律，洞箫入手清且哀"说的就是这个人。杨道士还教东坡酿蜜酒。

十月十五日的夜游，东坡说"二客从予"，一位是杨世昌，另一位是黄州当地人古耕道。在《赤壁赋》中东坡自称"苏子"，带有超然客观的色彩；在《后赤壁赋》中东坡则用第一人称"予"来指自己，主观性比较明显。

《后赤壁赋》的月夜探险

作为《赤壁赋》的续篇，东坡一开始就直接说："是岁十月之望"，"是岁"就是同一年（1082）。这次出游很尽兴。东坡和两位友人走在回东坡住处临皋亭的路上，注意到"霜露既降，木叶尽脱"——已经入冬了呢。"人影在地，仰见明月"——看见地上的影子，举头望月，想到正逢月圆，何不夜游赤壁？

还记得上次东坡和友人到赤壁通宵舟游，吃喝到"肴核既尽，杯盘狼藉"吗？这一回也不空手而去。友人说他傍晚捕到鱼，去哪里弄点儿酒呢？于是东坡回家问老婆。

三个人有鱼有酒，高高兴兴地乘舟去赤壁。上次夜游，东坡只是"泛舟游于赤壁之下"；这一回，东坡靠岸登岩，提起衣摆，自己一马当先。他披开纷乱的野草，攀上陡峭的石壁，俯瞰幽冥的江水，把友人撂在原地，觉得挺得意。

东坡长啸，声音如划破了天地。这时，天地回响了："草木震动，山鸣谷应，风起水涌。"

你猜，东坡对天地的回响有什么反应？

他不再意气昂扬。他说："予亦悄然而悲，肃然而恐，凛乎其不可留也。"先是暗自悲伤，然后退缩畏惧，不敢久留。

上山容易下山难。我想，即使天有满月，要步履稳健地踏在草木丛生的巨岩上，安全回到船上，一定也费了番功夫。

回到船上，东坡一行人让船在江中随意漂荡。

到了半夜，四周静寂。刚好有一只孤鹤从江的东边飞来，突然长鸣，经过东坡的船，往西边飞去。

不久各自回家。东坡睡梦中出现了道士。

东坡梦见了几位道士？

这里我们先暂停一下，目前通行的版本写的是东坡梦见一位道士，我要深究的是另一个早期的版本，写的是东坡梦见了两位道士。详细的考证请参看我的书《赤壁漫游与西园雅集》。

故事继续。

道士问东坡："游赤壁快乐吗？"东坡问道士的姓名，道士低头没有回答。

"哎呀！我知道了！今晚鸣叫着飞过我的船的不就是你吗？"东坡说。

道士只是笑笑，东坡惊醒了。他打开门，不见道士的去向。

你脑海中的画面，是不是这样的：

东坡看见孤鹤→东坡梦见道士→孤鹤就是道士

这个推敲很合理，就像质量守恒定律嘛！一个东西变化成另一个东西，外形变了，质量没变。

所以南宋的郎晔、胡仔、朱熹等人都说，传世东坡文集里的《后赤壁赋》写东坡梦见两位道士，那是笔误。"一只"孤鹤变成"一位"道士，很清楚的算术题。

但是我要说，人生若是有清楚的算法就"好"了。算法是有规律的，例外的情形就是算错。一等于一是正确的规律，一等于二就是算错。世事假如都这么简单，我就不必讲什么"偶然""必然"，讲什么观"变"观"不变"，不必写这本书了！

世事无常。

梦是无常的影现。

有图有"真相"

东坡的赤壁之梦，被两宋之际的画家乔仲常用《后赤壁赋图》展示了出来。这幅长卷现藏于美国纳尔逊·艾特金斯艺术博物馆。

图中描绘了东坡的家。庭院中台阶上的屋子里，一位男子正在和两位道士说话。屋子里面还有一位男子正在睡觉。画上的文字正是《后赤壁赋》。长卷的拖尾，有东坡的友人赵德麟题写于北宋徽宗宣和五年（1123）的跋语，那时东坡已去世二十二年。

为什么我坚持强调东坡在《后赤壁赋》里梦见了两位道士？有文献依据；而且，他是苏东坡。一个普通的作者在游赤壁时被一只奇特的孤鹤鸣叫吓到，有所触动，然后夜有所梦，那只孤鹤变成一个道士来他的梦里找他，问他玩得如何，然后一篇游记就诞生了。

　　东坡不是普通的作者（虽然我吐槽他的《赤壁赋》，但那是为了论证）。整篇《后赤壁赋》，东坡在赤壁山岩上被自己的长啸回响震撼，脊背发凉，可能踉踉跄跄地回到船上。那之后发生的事，仿佛都如梦境。

　　东坡本来兴高采烈要去探险，他的"险"也的确"探"到了，目标达成，呼啸一声，舒坦啊！东坡怎么反而被自己吓到了呢？

　　与其说东坡被自己吓到，不如更准确地说，东坡是突然发现自己在大自然中的孤绝。山鸣谷应，风起水涌，这些动能的来源，是自己的啸声吗？

　　不是。

　　不是因为有人长啸，厉害到发动周围的物象来应和，是有"力"附和，助力自己的声音；也或许，那

"力"不是来自个人，和个人无关。

有超越个人认知和掌控的"力"，隐隐然操纵着。因此，东坡觉得悲伤。

先悲伤，而后愈想愈害怕，怕到身上发冷，需要人间的温暖，所以赶紧回到船上。原来，《赤壁赋》里的"遗世独立"，其实不一定逍遥。

孤鹤的鸣叫，让东坡再度惊讶。

如果只进展到这里，还构不成一篇奇特的作品。

梦见一位道士，道士就是孤鹤变的，就把整个故事说得有头有尾，毫无新意。

梦见非比寻常的两位道士，文章就有了悬念。梦就有了"真实性"。

因为是梦，所以不合逻辑。因为信以为真，所以梦醒了还要开门去找寻。

无因无果

前面我们说"偶然"与"必然"，说观"变"与观"不变"，都内含因果关系。"因为是梦，所以不合逻辑"，说理时我们总是免不了用这样的句子，这是执着于因果关系。前身种种、星座命理，乃至于预知梦，也都是考虑其中的因果关系。"因为命在摩羯，所以多被人谤伤"，因果关系很好用，可以帮我们解答许多的"不可思议"，包括对现况的不满和困惑。

《后赤壁赋》里的东坡异梦，要消解因果。看到孤鹤，然后梦见一位道士，是预知梦的反推。东坡这时不必预知，他能做的，只是接受。

思考练习

现实生活中，你遇到过因果关系说不清的情况吗？你会怎么办？

在此山中

北宋神宗元丰七年（1084），东坡离开黄州前往汝州（河南汝阳）途中，专程去筠州（江西高安）和数年不见的弟弟见面，还特地登临向往已久的庐山，写了著名的《题西林壁》：

横看成岭侧成峰，远近高低各不同。不识庐山真面目，只缘身在此山中。

"远近高低各不同"这句，不同版本的文字有些出入，我们不多谈。这首诗的题目如果写成"题西林寺壁"就比较好懂，就是东坡在庐山西林寺的墙上留了这首诗。《和子由渑池怀旧》里说"坏壁无由见旧题"，那次东坡和弟弟也是在僧舍墙壁上题诗。这种"题壁诗"兴盛于唐宋，是印刷出版还不普及时的一种文字传播方式。东坡可能是应寺僧之请，为西林寺写诗。由于这首诗，汉语中有了"（庐山）真面目"这个词。

很多解读这首诗的材料都说这首诗讲的是我们从不同角度看庐山，看到的山形不一样，看不清庐山真实的样貌，因为我们就身在庐山，从而推论出"旁观者清"的道理。

你还相信"旁观者清"吗？

这固然是容易被理解的讲法，但也可能因此让这首诗失去了意蕴和深度。"旁观者清"很简单啊！对一些事情袖手旁观，手很"清洁"，眼睛很"清楚"，你身边有这种人吧？你说这种自以为"旁观者清"的人是不是很自私？

东坡提点我们的"爱自己"，他的"独乐"是建立在"同安"的基础上的。花了好大功夫去庐山，结果写一首要大家"旁观者清"的诗，你说能"呵呵"吗？把这首诗放在我谈如何安顿自己的思维方法里，我当然不能轻率地给大家讲"旁观者清"的道理。

忘掉你以前学的，让我来谈谈这首诗的"真面目"。

前面说了《赤壁赋》用"观"来解答问题，"横看成岭侧成峰"就是"观"（看）的经验。"观"的立场、视域、远近高低位置不同，于是有时看来是连绵的山岭，有时看来是高耸的山峰。看了半天，还是不能理解哪个才是真正的庐山面貌啊，怎么办呢？

这才是庐山真面目

东坡刚上庐山的时候，就写诗说"要识庐山面"，可见他后来"不识庐山真面目"是心有芥蒂的。

"真面目"可以有两个含义。一是六祖慧能在《坛经》里说的。慧能问慧明："不思善，不思恶，正与么时，那个是明上座本来面目？"没有分别心，当下即是，才能显现如来实相。庐山自东晋以来就是佛教和道教的圣地，东坡游庐山，作陪者包括东林常总，他是西林寺附近另一座寺院东林寺的僧人。《五灯会元》

把东坡列为东林常总的法嗣（也有人不同意）。总之，到庐山参悟"本来面目"，对已经经过黄州生活，自号"居士"（在家修行者）的东坡来说，是自然而然的事。

"真面目"的另一个含义，重点在"真"。到了庐山，东坡还挂记着家园在这附近的人，那就是陶渊明。为了补贴家里的食粮，东坡在黄州城东边的坡地当起了农夫。古来文人哪个拿起锄头又写诗的？就是陶渊明嘛！东坡把自己想象成陶渊明，作《江城子·梦中了了醉中醒》："梦中了了醉中醒。只渊明，是前生。走遍人间，依旧却躬耕。……"

你看你看，东坡的"前生"又多了一个。陶渊明的诗，我们最熟悉的，大概就是《饮酒》诗的第五首：

结庐在人境，而无车马喧。问君何能尔？心远地自偏。采菊东篱下，悠然见南山。山气日夕佳，飞鸟相与还。此中有真意，欲辨已忘言。

"悠然见南山"，东坡说了算

你知道吗？其中"悠然见南山"这句，其实出自东坡的想法。东坡在《题渊明〈饮酒〉诗后》中写道：

"采菊东篱下，悠然见南山。"因采菊而见山，境与意会，此句最有妙处。近岁俗本皆作"望南山"，则此一篇神气都索然矣。古人用意深微，而俗士率然妄以意改，此最可疾。

他认为当时流传的版本写"悠然望南山"，不对。"见"是偶然，低首采菊，偶然抬头，南山进入眼帘，这叫"境与意会"。"望"是必然，是刻意地看。知道或预想、期待有一个远方的客体，想要看到，于是"望"。东坡觉得陶渊明是"初不用意"，起初没对南山有心思，这正是陶渊明"深微"的地方，要说出什么"真意"，尽在不言中，最终"忘言"。

你认为东坡说的有道理吗？研究版本学的学者告诉我们，东坡批评的"俗本"，是南朝梁昭明太子萧统编的《昭明文选》，是最早收入陶渊明这首诗的官本呢！（于是东坡被批评学问欠精。）

　　我们回到"真面目"的话题。"真面目"是"真意"，是"本来面目"。东坡想努力探求，就像"望南山"。但是他无功而返，从什么方向怎么看，庐山都有它的容貌，哪个才是真的？

　　这时，《赤壁赋》里的"观"被细化成"望""见""看"等视觉活动，"观"的变与不变两端式区分法，加上"偶然"的"见"与"必然"的"望"，被复杂化了。他转用因果关系解释，说"不识庐山真面目"（果），是"只缘身在此山中"（因）。

　　这样，就解决了吗？

　　"真面目"在哪里？

　　《后赤壁赋》里的消解因果关系派上用场。因为我们就在此山中，无法将自己完全客体化。《赤壁赋》中客观的"苏子"只适用于文学语境。"自己"是相对"他者"而存在的。既然我们都在此山中,就要接受"不识庐山真面目"的实情。

从飞鸿到孤鸿再到归鸿

让我们再回到前面"孤鸿飞影"那节最后留下的诗《次韵法芝举旧诗》:

春来何处不归鸿,非复赢牛踏旧踪。但愿老师真似月,谁家瓮里不相逢。

这首给僧人法芝的诗,要对照北宋哲宗元祐七年(1092)东坡给他的旧作《送芝上人游庐山》(仍是庐山缘)来看:

二年阅三州,我老不自惜。团团如磨牛,步步踏陈迹。岂知世外人,长与鱼鸟逸。老芝如云月,炯炯时一出。比年三见之,常若有所适。逝将走庐阜,计阔道逾密。吾生如寄耳，出处谁能必。江南千万峰，何处访子室？

东坡在元祐六年（1091）到七年，两年之间转任过杭州、颍州和扬州知州，所以说"二年阅三州"。当年辛辛苦苦的"磨牛"，如今是又老又弱的"羸牛"了。东坡祝愿法芝如月亮皎洁澄明，他这只万里归来的鸿雁，终于和法芝重逢了。

《高僧传·醋头和尚颂》说："揭起醋瓮见天下，天下元来在瓮中，瓮中元来有天下。"人们都在天下活着，都在瓮里活着，也都在此山中活着。兜兜转转，有缘总会相逢——"到处相逢是偶然"。

东坡的四种思考方式

我们在本书的第一个区块初步探讨了东坡对自我存在的认识，知道东坡对生命过往与未来的好奇，确立自我不可取代。第二个区块，我试着把东坡对事物的思考方式与他的作品结合，分析为以下四种类型。

一、偶然和必然。东坡认为物无"常形"而有"常理"，也就是随机和规律并非绝对。

二、对立和统一。类似发散式的水平思维法（Lateral Thinking/Horizontal Thinking）。

三、因果关系。类似归纳演绎的垂直思维法（Vertical Thinking）。

四、综合混化。将各种类型灵活混用，并接受最后可能毫无逻辑的答案。

你可能会疑惑：知道东坡怎么思考和"爱自己"有什么关系呢？

思想和意志主导行为，不了解一个人的思想和意志，只去模仿他的行为，就会掉进误区或陷阱。喝了很多"鸡汤"却没汲取营养、浪费很多时间钻研成功学却仍旧过不好人生，很多类似的情况就是由于瞎忙着照单全收，到头来"爱自己"反而变成"怨自己"。

我的建议是：先摆正心态。这里举的东坡的四种思考方式，不能概括东坡全部的人生哲学。读者看我穿插交织，也别以为这就是东坡思想的线性进展，到了庐山之游而臻达极致。不是的，从庐山下来，东坡还是走在崎岖的旅途上，直到临终合目。

思考练习

　　除了东坡的四种思考方式，你有没有其他的思考方式可以认识自己？

自我安顿之“有此衣说”

1. 以和自己性情、志趣相近的人物为典范。

2. 遇到需要深入分析的问题，试着学习东坡的四种思考方式，灵活运用。

3. “爱自己”需要终身学习，别因不如意而怨恨和伤害自己。

自我管理

"自我存在"和"自我安顿"分别谈的是认识论和方法论，也就是如何认识自己。在东坡的自我认知中，自己是个什么样的人？东坡的人生目标是什么？

"自我管理"讲的是实践——怎样做才能实现自己的人生目标？遇到困难时可以使用哪些思考方法和分析工具？陆游说："纸上得来终觉浅，绝知此事要躬行。"东坡不空谈义理，他的义理体悟从实际经验中来。东坡在《日喻》中说："道可致而不可求。"想象的"求"，不如行动的"致"。

东坡《满庭芳·蜗角虚名》词：

蜗角虚名，蝇头微利，算来著甚干忙。事皆前定，谁弱又谁强。且趁闲身未老，须放我、些子疏狂。百年里，浑教是醉，三万六千场。　　思量。能几许，忧愁风雨，一半相妨。又何须，抵死说短论长。幸对清风皓月，苔茵展、云幕高张。江南好，千钟美酒，一曲《满庭芳》。

人生若有百岁，才得三万六千日。我在《陪你去看苏东坡》里详细统计了东坡存世的日子，总共两万三千六百多日。他留给我们四千三百多篇散文，两千七百到两千九百首诗，三百二十到三百六十阕词，这还不包括"乌台诗案"期间家人为避险而烧弃，以及他被列为元祐党人而销毁印版的作品。这些存世的东坡作品，除了公文书信，都是他为政之余的文学创作和学术研究，而且是他人生后四十多年的累积。我想，他一定有很强的自控、自律能力和高效的管理能力。

为了成为自己喜爱的自己，实现理想和目标，我们要懂得有效管理自己。"管理"这个词有个"管"字，似乎在强调约束，其实约束是为了"理"——适宜的资源分配、平衡的身心状态、适当的人际沟通等。我选了东坡自我管理的六个方向来探讨：

（一）知识储备；

（二）时间、能量；

（三）财务、行政；

（四）情绪调节；

（五）灵肉欲求；

（六）逆商转念。

为了使这个区块的内容更便于学习和操作，我大多采取分点叙述的形式。

知识储备

东坡七岁开始读书，他从学过的老师有道士张易简、刘巨、史清卿等人。母亲程夫人教过他读《后汉书》，父亲苏洵教过他读《春秋》等书。可以说，东坡有家庭的教育，也转益多师，这让他养成杂学博知的习惯。二十岁进京考试，一举成名；二十五岁参加制科考试，'入三等。我想东坡的学识功底和书写表达能力是他荣登金榜的主要因素。

古代科举考试，考诗赋、策论、经义，考的不外乎记诵和转化。记诵的部分如果没有储存在大脑的长期记忆组织中，考完就忘了。学识的转化，等于是吸收后的再生产，不为功名考试读书，才有延续转化的可能。

我们可能都有种错觉，以为古人比现代人好学，爱读书。其实，古今无二。你看宋真宗的《劝学》：

富家不用买良田，书中自有千钟粟。安居不用架高堂，书中自有黄金屋。出门莫恨无人随，书中车马多如簇。娶妻莫恨无良媒，书中自有颜如玉。男儿欲遂平生志，五经勤向窗前读。

你觉得，假如一个人千钟粟、黄金屋、颜如玉都有了，他还需要读书吗？比东坡时代稍早的宋庠、宋祁兄弟，作为就截然不同。他们俩同年考中进士，弟弟本来是第一名，朝廷认为弟弟排名在哥哥前面有失统序，于是改让哥哥宋庠做了状元。哥哥当了官，依然好学不辍，元宵节放假，晚上在家读《周易》。弟弟呢？招了歌妓，整夜醉欢。

第二天，哥哥劝弟弟："你还记得我们以前元宵节在州学吃咸菜下饭的往事吗？"

弟弟反问哥哥："当年我们在州学苦读，是为了什么？"

不用猜，东坡和哥哥宋庠一样。他储备知识，不止用来应付考试。他终身不倦地读书，连弟弟苏辙都佩服，说他"幼而好书，老而不倦"。当然，苏辙不是宋祁第二，苏辙也很好学。

东坡对读书学习的管理可以概括为以下三种方式。

抄读经典，博观约取

东坡勉励落第的安惇说："旧书不厌百回读，熟读深思子自知。"说自己读书很专心，不受外界的影响："我昔居家断还往，著书不暇窥园葵。"他指出读书的要点：自制、深思，而且要熟读。经典的书，都值得一再阅读。

曾慥《高斋漫录》记载，有一次苏洵去见提拔过他们父子的张方平。

张方平问苏洵："贵公子最近在读什么书？"

苏洵回答："在重读《汉书》。"

张方平觉得奇特，说："《汉书》要看两遍啊？"

苏洵回家后，告诉了东坡。东坡说："世间还有人读了三遍《汉书》呢！"

东坡不仅重读《汉书》，还手抄《汉书》。南宋陈鹄《西塘集耆旧续闻》中记载，东坡在黄州时告诉友人朱载上，自己正在抄《汉书》，这已经是第三遍了。他说的"抄"，还有背诵的意思。第一遍写文章开头的前三个字，第二遍写前两个字，第三遍写第一个字。他还让朱载上测试他看看，果然东坡都能一字不差地背诵出来。

抄书为熟记。无书可读的时候，借书来抄也是一种办法。东坡称陶渊明和柳宗元是他的"南迁二友"，是陪伴他谪居南方的心灵解药。东坡在儋州写信给程秀才说：

儿子到此，抄得《唐书》一部，又借得《前汉》欲抄。若了此二书，便是穷儿暴富也。呵呵。老拙亦欲为此，而目昏心疲，不能自苦，故乐以此告壮者尔。

当时随侍东坡的是幼子苏过。苏过借了两部书来抄，东坡说儿子成了暴发户啦！他虽然也想抄书，无奈年龄太大，应付不了。幸好他抄书的功夫传授给了儿子，后继有人。

"八面受敌"，主题阅读

东坡的侄婿王庠向他请教读书要诀，东坡的回信提到了具体的操作方法。这段文字常被引用，作为东坡读书法的代表，可惜人们往往断章取义，甚至误解了东坡的意思。我们先看看东坡是怎么说的：

但卑意欲少年为学者，每一书，皆作数过尽之。书富如入海，百货皆有之，人之精力，不能兼收尽取，但得其所欲求者耳。故愿学者，每次作一意求之。如欲求古人兴亡治乱圣贤作用，但作此意求之，勿生余念。又别作一次求事迹故实典章文物之类，亦如之。他皆仿此。此虽迂钝，而他日学成，八面受敌，与涉猎者不可同日而语也。甚非速化之术，可笑可笑！

东坡表示：

第一，读书要多读几遍；

第二，读的时候要有明确的目的，知道自己想通过读书解决什么问题；

第三，这样学有所成以后，来自八方的问题都可以各个击破。

东坡的见解，就是莫提默·J.艾德勒（Mortimer J. Adler）和查尔斯·范多伦（Charles Van Doren）合写的《如何阅读一本书》里谈到的四个阅读层次：基础阅读、检视阅读、分析阅读，以及主题阅读。东坡尤其对主题阅读深有体会。

有人把东坡的这段话概括为"八面受敌法"，我认为"八面受敌"只是形容想象中遇到的情况，不是方法。东坡要我们一次有针对性地解决一个或同类问题，不是要八面攻击、威风八面、打败敌人、扬扬得意。

还有，东坡说这种读书方法是不能速成的。"可笑可笑"不是说这种笨方法很可笑，而是他的谦虚语气，呼应他第一句说的"卑意"，东坡的意思是：愚以为，这种按部就班的办法很慢啊！你就参考看看吧。

明代的杨慎把这种读书方法与东坡抄《汉书》的事结合，编出了东坡三读《汉书》的步骤，这是后话。我想补充的是，目前，我们每天都要面对海量信息，我们可以运用东坡的这个读书方法，过滤出正确、可靠的信息。

学以致用，厚积薄发

东坡重视活学活用，他小时候跟着母亲学《后汉书》，读到范滂的传记，范滂不肯与奸党同流合污，最后慷慨赴义。东坡问母亲："我长大了以后也像范滂一样，做个有气节的人，哪怕年纪轻轻就死了，母亲同意吗？"

程夫人赞许地说："你愿意当范滂，我难道就不能当范滂的母亲？"

在《稼说送张琥》里，东坡谈到"博观而约取""厚积而薄发"，意思是：精要地多读书，积累学识以后逐渐发挥。东坡善于创造性地转化所学的内容，他在给王庠的信中谈到的"八面受敌"，便是得自《孙子兵法》的启发。《孙子兵法·虚实篇》说：

　　故形人而我无形，则我专而敌分。我专为一，敌分为十，是以十攻其一也，则我众而敌寡；能以众击寡者，则吾之所与战者，约矣。

　　敌人现形而我隐藏，我专一集中力量；敌人力量分散，于是我能够取胜。

　　多读、抄写、背诵，为东坡写作打下了坚实的基础，他周边的同僚也十分佩服。北宋哲宗元祐年间（1086—1094），东坡兄弟在朝为官，苏颂和刘攽对苏辙说："我们年轻时读的书，老了就忘了。"

　　苏辙说："是啊！"

　　刘攽说："我看您的文章，还是记忆敏捷呢！"

　　苏辙说："哪里！哪里！"

　　苏颂和刘攽都说："我看您兄弟俩，下笔引经据典都很精切，真是好记性啊！"

这个故事记载在苏辙的孙子苏籀的《栾城遗言》里。常言道："好记性不如烂笔头。"苏颂和刘攽大概不晓得东坡兄弟的秘诀吧。

你对东坡的读书习惯有什么想法？你有什么读书的秘诀吗？

时间、能量

东坡能够博闻强记，在于他培养了有系统、有效率、重复刻意练习的阅读习惯，这对准备考试的读书人是很具指导意义的。可是我们现代人很容易就被网络信息和云端大数据满足，我们可能连家人和朋友的电话号码都记不得。东坡的学习法，还有用处吗？

当然有用！东坡读书，不是为了应付某一阶段，是终身学习。你现在在读这本书，就是正在实践终身学习。

终身学习很关键的一点，就是妥善管理时间和精力。已经步入职场，有了家庭和下一代的人们，最常感叹的就是"时间不够"。想做的事情没时间做，怎么办？我以前和很多人一样，想的是"等退休以后，我要……"，把事情延后。好像退休了，大把大把的时间都完全属于我，我可以想怎样就怎样。

有一天，我突然想到，万一我活不到退休的年龄，我的"梦想"岂不是要带进坟墓里了吗？我顿时毛骨悚然，很害怕自己白白过了这辈子。

于是我开始读一些关于时间管理的书。我以为，我是因为没有好好管理时间，才会徘徊摆荡在工作和家庭之间，焦头烂额。没想到，不管是番茄工作法还是四象限工作法，虽然有效，却都不能解决我根本的迷思。我根本的迷思是：管理时间的目的是节省时间吗？

计算机减轻了我们的记忆负荷，机器取代了我们的体力劳动，科技的创新发明的确帮我们节省了很多时间。明明节省了时间，怎么我们还是很焦虑呢？我后来才明白，时间这种资源是有限的，你再怎么管理，它也不像理财那样能够积累、增值，攒起来以后再花。

所以，对于管理时间，更精准的表述是在时间里管理、分配自己的精力，有的人称之为"能量管理"。时间管理和能量管理二者相辅相成，核心是认识自己管理的目标——完善自己，过自己满意的人生。

东坡没有用二十世纪开发的管理学名词，但他已经在执行。我选出我身体力行的、对我最有帮助的三点与各位读者分享。

工作清单

美国外科医生阿图·葛文德（Atul Gawande）在《清单革命：如何持续、正确、安全地把事情做好》一书中特别强调清单给工作带来的秩序感和规律性。东坡办公也做工作清单，还被人保留下来，事见周辉《清波杂志》：

番江寓客赵叔简编修，宣和故家，家藏东坡亲书历数纸。盖坡为郡日，当直司日生公事，必著于历，当晚勾消，唯其事无停滞，故居多暇日，可从诗酒之适。"欲将公事湖中了，见说官闲事亦无。"乃秦少章所投坡诗，盖状其实。

秦觏是苏门四学士之一秦观的弟弟，他追随东坡学习，写诗赠东坡，《清波杂志》引的秦觏诗《东坡守杭》，前两句是"十里荷花菡萏初，我公所至有西湖"。这里的"西湖"是颍州的西湖。东坡每天晚上检查自己列出的待办事项，做完了就一笔勾销。

戴维·艾伦（David Allen）在《搞定 I：无压工作的艺术》一书中提出清单式工作的五个步骤：收集、整理、组织、回顾和执行。东坡将自己列的工作清单执行完毕后，还奖励自己，就是游山玩水，饮酒赋诗，合宜地协调了工作和休闲的关系。

乐在夜读

东坡爱读书，他认为读书是所有学习的基础："自孔子圣人，其学必始于观书。"他还认为珠宝漂亮但是没有实际用途；五谷有用但用了会减少；最能保值的，就是读书。他在《李氏山房藏书记》中写道：

　　象犀珠玉怪珍之物，有悦于人之耳目，而不适于用；金石草木丝麻五谷六材，有适于用，而用之则弊，取之则竭。悦于人之耳目而适于用，用之而不弊，取之而不竭，贤不肖之所得，各因其才，仁智之所见，各随其分，才分不同，而求无不获者，惟书乎！

东坡充分掌握时间，公务之余，晚上十一点到凌晨一点左右读书。他告诉秦觏，他即使喝醉了回家，还是读书到困倦了才就寝。

这一幕是东坡夜读的情景："夜读孟郊诗，细字如牛毛。寒灯照昏花，佳处时一遭。"他读的《孟郊诗集》字很小，让他眼花。

东坡批评孟郊的诗风"寒"，他说"我憎孟郊诗，复作孟郊语"，不知不觉受到孟郊的影响。夜读的乐趣不应该被勉强和煎熬打消，也不是为了向什么人夸耀自己用功，东坡觉得今晚的状态不佳，就不苦撑了，书卷合上，喝酒去也！

人生如朝露，日夜火消膏。何苦将两耳，听此寒虫号。不如且置之，饮我玉色醪。

适可而止

我们感到东坡可亲可爱，是因为他率真自然，愿意向人坦白自己的弱点。他喜欢夜读，读倦了就睡觉；读得不舒服就去喝酒，不摆出老学究的姿态。有句话说："生命就该浪费在美好的事物上。"我们管理时间，提高效率，让娱悦身心的事物充实生活，并且要量力而为，适可而止。"休息是为了走更长远的路"，拼搏于职场的人们尤其要偶尔读读东坡的《记游松风亭》，歇一歇，调整一下节奏。

余尝寓居惠州嘉祐寺，纵步松风亭下，足力疲乏，思欲就床止息。仰望亭宇，尚在木末，意谓如何得到。良久忽曰："此间有甚么歇不得处？"由是心若挂钩之鱼，忽得解脱。若人悟此，虽两阵相接，鼓声如雷霆，进则死敌，退则死法，当恁么时，也不妨熟歇。

我在《陪你去看苏东坡》里写到，我曾特别考察了东坡在广东惠州的居住地附近的地势，较高的地方大约二十三米。以平常人的体力，不难走上山坡。东坡年近六十，走得疲累了，随时随地想休息就休息。不要等到负荷过度，连休息也恢复不了呀！

你的时间、能量管理有什么原则吗？东坡的"随时随地休息法"对你适用吗？

财务、行政

东坡在中央任职七年，任地方官十八年，他反对
王安石变法的理由，就是新法为富国强兵而"与民争
利"，和他主张"藏富于民"的观点背道而驰。可以说，
东坡跌入的大坎，归因于财务行政管理的问题。本书
且不谈历史政治的细节，只提个人能借鉴的层面。东
坡是如何理财的？是如何处理职场中对上司和对属下
的关系的？

量入为出

东坡生于小康之家，薄有祖上田产，母亲经营丝
绸生意，他对于理财应该不陌生。他二十五岁进入公
职体系，有固定的收入。"乌台诗案"后，他从六品知
州降革到从八品的"检校尚书水部员外郎充黄州团练
副使"，被夺去行政职权，因此薪资骤减。他在给秦观

的信里，谈了在黄州怎样解决经济的困难：

初到黄，廪入既绝，人口不少，私甚忧之。但痛自节俭，日用不得过百五十，每月朔便取四千五百钱，断为三十块，挂屋梁上；平旦用画叉挑取一块，即藏去叉，仍以大竹筒别贮用不尽者，以待宾客。此贾耘老法也。度囊中尚可支一岁有余……

东坡说，这是湖州隐士贾收教他的办法。每个月初一取出四千五百钱，分成三十份，挂在屋梁上，每天只能用一百五十钱。如果一百五十钱有剩余，就另外拿大竹筒存起来，作为接待客人的花销。这样大概可以撑一年多。

每月花费四千五百钱相当于北宋城市消费的偏下水平。黄州地处偏僻，物价稍低，当时东坡家眷有二十多人，一天一百五十钱，平均一人不到十钱，比一般一人每天基本开销二十钱还少，真的是像东坡说的"痛自节俭"了。

东坡衡量个人资产，把钱分散在不同账户，而且"专款专用"，不至于入不敷出，这种基本的理财方式朴素而实在。

在理财工具鲜少的北宋，东坡能进行的投资只有土地。他几次提到在阳羡（江苏宜兴）有田产："买田阳羡吾将老""阳羡姑苏已买田"。他离开黄州以后，上奏朝廷，说到自己"无屋可居，无田可食，二十余口，不知所归，饥寒之忧，近在朝夕……臣有薄田在常州宜兴县，粗给馆粥；欲望圣慈，许于常州居住。"

被贬到广东惠州，东坡想在此地终老，便筑屋于白鹤峰。迁入新居不久，新的诏令又将他贬去海南岛。东坡从海南岛赦回，请友人帮忙寻觅合适的地方作为晚年的住处。所以，东坡尽管晚年生活条件不佳，倒还不至于一贫如洗。

向上管理

我做系主任的心得之一，是明白管理不外乎钱和人。不论你是否担任主管，人际沟通都很重要。职场的情商依职务和位阶有不同的对应，我们可以概分为"向上"和"向下"两种情况。彼得·德鲁克（Peter Drucker，1909—2005）说："你不需要喜欢或佩服你的主管，你也不需要痛恨他。但是，你必须要管理他，好让他变成你达成目标、追求成就与获得个人成功的资源。""向上管理"的终极目的是获得主管的信任，甚至改变他，进而两人合作共赢。

由于彼此的权力不对等，"向上管理"很容易弄巧成拙，擦枪走火。东坡虽然没有提出"向上管理"的说法，他初入政坛时和主管的相处，却正好是他"向上管理"由失败转向成功的例子。

东坡的第一份公职，是在陕西凤翔任通判。通判乃州府副长官，主掌粮运、农田水利和诉讼等工作。东坡的直属上司是陈希亮，他经常批评和修改东坡写的公文，对人们尊称东坡为"苏贤良"不以为然。东坡血气方刚，不肯服从，有时还写诗挖苦主管，该参与的中元节活动也故意避开，结果被主管举发惩处，罚铜八斤。

八斤铜约相当于九百六十钱，东坡当时的薪资约一万钱，九百六十钱的处罚颇具警告意味。东坡的锋芒在他为陈希亮筑的凌虚台写记文时，仍然不曾收敛。他没有赞美和祝福凌虚台壮丽永固，反而说："物之废兴成毁，不可得而知也。"简直像触霉头！陈希亮却全盘接受了这篇文章，刻石为念。

陈希亮用震撼教育和宽大包容为东坡点明了职场的规则，为东坡后来任杭州通判时与前后三任知州沈立、陈襄、杨绘关系融洽铺垫了良好的基础。东坡后来为陈希亮写传记，追忆年少轻狂，感念陈希亮对他的磨炼和栽培。

东坡疲于杭州的迎来送往应酬，说是"酒食地狱"，但是和主管及同僚的诗酒风流，也正合于当时的氛围。不用巴结奉承，投其所好，东坡表现的是适应环境和开放学习的心态。他本来不擅填词，在杭州因社交需要而创作，后来另辟蹊径，开拓了词的新风格。

恩威并施搏感情

有苏东坡这样的老板，是一种怎样的体验？

大家谈得比较多的是东坡仗义执言结果受了委屈，或是他在行政事务方面的建树。执政者主要面临的问题，东坡都处理过：干旱（凤翔）、洪水（徐州）、虫害（密州）、瘟疫（杭州）、战争边防（定州）。我们来看看东坡是怎么处理治安问题的。

前面说过东坡用清单安排工作，他在颍州之所以能在处理公务之余去游湖作诗，是因为"简讼"，也就是老百姓的纠纷减少，诉讼官司容易解决。

还有一个影响地方平静的因素是盗匪滋扰。东坡在密州、徐州、颍州都缉捕过盗匪，在颍州成功缉拿恶贼尹遇，是东坡恩威并施管理奏效的结果。

北宋哲宗元祐七年（1092），东坡知道汝阴县尉李直方很有才干，便使出恩威并施的策略，告诉李直方：如果能擒获恶贼，就向朝廷建言，给予优渥的奖赏；假如失败了，就免职处分！

李直方不敢轻忽，自掏腰包悬赏，招募勇士，获知贼头所在，和家中九十六岁的老母泣别，带领弓箭手直捣贼窟，亲手刺倒恶贼尹遇，清除地方大患。东坡实现诺言，奏报朝廷，愿将个人升职的奖励转赠给李直方。可惜朝廷认为李直方逮捕的盗匪人数不多，功劳不足以接受东坡的赠予，最终没有核准。

东坡善于借诗文表达对同僚的感情。游赏、节庆、送别等，无不可入诗。同僚唱和回赠，既巩固了情谊，也推动了工作的进展。他任杭州知州时，一天和通判袁公济去山里寺庙祈求下雨。袁公济的曾孙袁文在《瓮牖闲评》中记载了东坡和他曾祖父打赌作诗的故事。

东坡说："我们比赛赋诗，看谁的诗里描写的雨下得快，输的人要请吃饭！"

东坡自信满满，张口就来："一炉香对紫宫起，万点雨随青盖归。"意思是：我刚点起香膜拜，老天爷就下雨了。

袁公济不遑多让，接着吟道："白日青天沛然下，皂盖青旗犹未归。"还没摆好祭神的仪式，大太阳底下就哗哗落雨了。

谁的诗里雨下得速猛？袁公济嘛！香都来不及点呢。东坡甘拜下风，给下属张罗了一顿好吃的酒菜。

执行公务还兼智力游戏，有东坡这位老板，不但工作不单调无聊，还能锻炼文笔呢！

思考练习

你有怎样的理财规划？在处理职场的人际关系时，你能做到"事上以智，待下以仁"吗？

情绪调节

讨厌人的勇气

　　个体心理学近年很受关注，《被讨厌的勇气："自我启发之父"阿德勒的哲学课》一书的畅销，让越来越多的人认识了个体心理学创始人阿尔弗雷德·阿德勒（Alfred Adler，1870—1937）及其学说。阿德勒主张接纳自我，信赖他人，寻求自我价值和认同感、贡献感，由实现梦想而达到自由。

　　阿德勒的学说之所以会流行，我认为原因是：一方面它切中了时代所需；另一方面，"被讨厌的勇气"这个主书名取得真好，精准地刺中了东亚人际关系的痛点。尤其在儒家教养制度下成长的人，被灌输了太多"己欲立而立人""克己复礼为仁"的行为准则，在遇到自己和他人发生尴尬情况时，深觉疲惫无力。

　　我想，"被讨厌"需要勇气，其实，"讨厌人"何尝不是？我们敢像东坡一样直接表达对别人的讨厌、嘲讽吗？

东坡因为反对王安石新法，得罪新党，吃了大亏，被贬谪到黄州。几年后，风水轮流转，北宋哲宗元祐初年（1086），太皇太后高氏垂帘听政，启用旧党，司马光任宰相。司马光致力废除新法，本来反对新法的东坡这时竟然没有完全支持司马光。

有一天，东坡和司马光在朝廷争论免役法和差役法的利弊。东坡认为免役法施行多年，可以加以调整，骤然改回差役法，难免扰民，差役法并不是最佳策略。两人争执不下，退朝后，东坡回家，一边脱去官服，一边骂道："司马牛！司马牛！"

"司马牛"是骂人的话吗？司马牛是孔子的七十二弟子之一，多言而急躁。东坡骂司马光"司马牛"，哏在"牛"字。他气司马光太固执。

司马光一直很赏识东坡，东坡也很敬重司马光，"司马牛"的小插曲，因为是背后骂的，杀伤力可能不大。司马光去世时，礼仪由程颐负责。为了吊祭司马光，东坡直接杠上了程颐，当面骂他是山寨儒者，从此结下梁子。

那天刚好朝廷举行秋季祭典，群臣行礼如仪，结束后要去司马光家致哀。程颐不让大家去，他引用《论语》的话说："子于是日哭，则不歌。"孔子参加过丧礼，当天就不进行娱乐活动，以表示对死者的尊重。

东坡反唇相讥道："话不是这样说，孔子可没教我们参加过吉礼就不能去吊唁啊！"

一行人还是去了司马光府上。

程颐管不住群臣，转向管家属。他告诉司马光的遗族，不能让吊客进门，为此弄得大家很尴尬。

东坡被惹恼了，大骂程颐是"枉死市叔孙通""鏖糟陂里叔孙通"。

叔孙通是西汉儒者。东坡骂程颐：你以为，自己固守礼法就是叔孙通再世吗？你简直不通情理，是个京城外烂泥巴地出来的冒牌货！

众人听了哈哈大笑！

东坡讨厌程颐，让东坡这方的"苏学"（蜀党）和程颐的"程学"（洛党）争执白热化，影响了苏学在中国哲学思想史上的地位。

呵呵可笑

在谈东坡的读书法时，我提到东坡说的"可笑"经常被误解，以为在批评别人。另一个时移义变的词是"呵呵"，网络语言中的"呵呵"歧义渐多，从表示淡淡一笑逐渐演化为敷衍、故意漠视、委婉地拒绝对方等意，东坡的"呵呵""可笑"大约有以下三种情形。

第一种是谦虚。

东坡谦虚地说自己的学习方法"甚非速化之术，可笑可笑"，意思是提供自己又慢又笨的读书之道，聊备一格。他在给鲜于子骏的信中说："近却颇作小词，虽无柳七郎风味，亦自是一家。呵呵。"柳永是当时大受欢迎的填词名家，东坡说自己写不出柳永风格的词，但是他给鲜于子骏"写呈取笑"的《江城子·密州出猎》

词却是别有豪情。

第二种是自嘲。

东坡用自嘲排解郁闷，应对困境。他在密州写《后杞菊赋》自嘲堂堂知州却要吃枸杞和菊花充饥。

在海南岛，生活条件更差。他刚到那里时，觉得被囚禁在大海包围的小岛上，后来想想，中原大地也是一个大岛，谁都在岛上啊。一盆水倒在地，一只蚂蚁趴在草叶上，茫然无措。不久之后，积水干了，蚂蚁能够自由行动，看到同类，哭着说："我以为再也见不到你了！哪晓得原来用不了几时，就有了四通八达的路。"东坡说："念此可以一笑。"转念想通了，嘲笑自己拘泥，天地何其宽广。

第三种是诙谐。

我们最熟悉的是东坡爱开玩笑的幽默感。他写信向表兄文同索画说：

近屡于相识处见与可近作墨竹，惟劣弟只得一竿。未说《字说》润笔，只到处作记作赞，备员火下，亦合剩得几纸。专令此人去请，幸毋久秘。不尔，不惟到处乱画，题云"与可笔"，亦当执所惠绝句过状索二百五十匹也。呵呵。

文同擅画墨竹，东坡说最近在相识的人家看见文同的新画，咦，咱俩关系不一般，怎么表弟我只有你一张画呢？我为你作的《文与可字说》，该有润笔费吧？我晓得你不但给人画画，画上还题写赞记，恐怕你属下一些打杂役的人都有几张你的作品，怎么没有我的份？

东坡先摆事实，讲道理，说文同没理由拒绝为他画画。然后一不作二不休，直接派送信的人去请文同画，不让文同拖延。最后，用威胁的语气说：你不给我画的话，我就到处冒你的名字乱画，弄臭你的名声！别忘了我手上还有你欠我二百五十匹绢的证据呢！呵呵！

文同怎么会有"把柄"落在东坡手里呢？

原来，文同收到许多人请他作画的丝绢，疲于应付，不耐烦地说："我要把这些丝绢都拿来做袜子！"

文同知道东坡也会画墨竹，写信给东坡，说："做袜子的材料都到你那里了！"还附了诗："拟将一段鹅溪绢，扫取寒梢万尺长。"四川盐亭鹅溪的丝绢质量精良，文同说："我要用鹅溪的丝绢画万尺高的竹子。"

东坡打了打算盘，回信说："万尺高的竹子要用二百五十匹的绢来画。"

文同后来虽然再写信打了圆场，那两句诗却成了东坡力争文同为他作画的"欠条"。

一般人只会说恭维巴结的话，向艺术家求作品。东坡这奇葩的招数，力道更大啊！

吐而后快

压抑自己的情绪久了，可能会闷出毛病，东坡深谙此理。他敢讨厌人，即使在皇帝面前也直言不讳。他告诉同榜进士晁端彦："我非说不可，就像吃了有苍蝇的东西，一定要吐出来！"

东坡说："我被仁宗皇帝拔擢，屡次上奏章，慷慨激昂，圣上始终没动怒。假如我不表达意见，大臣里有谁敢说？我唯一担心的是被杀头啊！"

晁端彦听了，沉默不语。

东坡叹息了一声，说："我的小命无所谓，只是我死了，你也好不到哪里去！"

两人相视大笑。

东坡的"吐而后快"，表现在语言文字，也挥洒于绘画。他到郭祥正家做客，喝得醉醺醺的，拿起笔就在郭家墙壁上画竹石，郭祥正不但写诗答谢东坡，还送给他两把古铜剑。东坡有诗：

空肠得酒芒角出，肝肺槎牙生竹石。森然欲作不可回，吐向君家雪色壁。平生好诗仍好画，书墙涴壁长遭骂。不瞋不骂喜有余，世间谁复如君者。一双铜剑秋水光，两首新诗争剑铓。剑在床头诗在手，不知谁作蛟龙吼。

叶嘉莹先生评论这首诗是"奇外无奇更出奇"。

我想，东坡的情绪调节充满"讨厌人的勇气"，忠于自我而不见风使舵，坦然承担后果，正是他值得欣赏的地方。

会困扰你的是怎样的情绪？你用什么方法调节情绪？

灵肉欲求

心理学家马斯洛（Abraham Harold Maslow，1908—1970）将人类的需求分为五个层次：生理需求、安全需求、爱与归属的需求、自尊需求、自我实现的需求。这些需求犹如金字塔，从最底层的生理需求逐一向上提升。生理需求是人作为生物体存活和繁衍后代的本能，比如饮食、睡眠、性。

每个人都有生理需求，但是需求的程度不同，有的人吃半个三明治就饱了，有的人一天吃四餐还不够。生理需求是自我管理的基底，直接影响我们的身心健康。关于饮食和睡眠，我们放到下一个"乐活自我"区块再说，这里谈东坡对性欲的看法。

东坡是贪恋娇娘的潇洒"风流帅"，还是不近女色的严谨的"柳下惠"？我想，这两个极端的形象都不能概括东坡。

如何管理自己的需求？

《东坡志林》里记载了东坡在黄州时发生的一场对话：

昨日，太守杨君采、通判张公规邀余出游安国寺。坐中论调气养生之事，余云："皆不足道，难在去欲。"张云："苏子卿啮雪啖毡，蹈背出血，无一语少屈，可谓了生死之际矣。然不免为胡妇生子，穷居海上，而况洞房绮疏之下乎！乃知此事不易消除。"众客皆大笑。余爱其语有理，故为记之。

东坡听杨太守和张通判高谈调气养生，东坡也是颇好此道。他觉得那些都不算什么，最难的是控制性欲。张通判有同感。他说苏武虽然坚决不投降匈奴，浪迹北地，饿了嚼毡毯，渴了吃冰雪，但毕竟英雄难过美人关啊，他还是让异族女子为他生下了孩子。

同样在黄州，东坡的朋友因为酒色过度而死去。第二天，东坡遇见一个年轻人，便劝年轻人戒色。年轻人不以为然，说自己就是好色，不怕死。东坡引用佛经里的话说：

怖生于爱，子能不怖死生，而犹好色，其可以欺我哉！今世之为高者，皆少年之徒也。戒生定，定生慧，此不刊之语也。如有不从戒、定生者，皆妄也。如惠而实痴也，如觉而实梦也。悲夫！

意思是人有爱，所以会害怕。你不怕死，也就没有爱，怎会好色？你既好色，就是有爱，有情感欲念，就会怕死。戒、定、慧的修炼功夫环环相扣。

东坡还引用枚乘《七发》，写了《书四戒》自我警惕：

出舆入辇，命曰"蹶痿之机"；洞房清宫，命曰"寒热之媒"；皓齿蛾眉，命曰"伐性之斧"；甘脆肥浓，命曰"腐肠之药"。此三十二字，吾当书之门窗、几席、缙绅、盘盂，使坐起见之，寝食念之。元丰六年十一月，雪堂书。

不要出入都坐车，不要住宽敞舒适的房子，不要贪恋女色，不要沉溺美食。

贪恋女色，会摧残生命。

这么看来，东坡是禁性欲的人吗？

知易行难。东坡在黄州期间，和侍妾朝云生了个儿子，那年他四十七岁。他的书迹《覆盆子帖》虽然没有写友人为什么送他新鲜的覆盆子，但覆盆子滋阴壮阳的功效不免引发人们的猜想。

老子说："吾所以有大患者，为吾有身。"身体是生理满足的起点，也是心理焦虑的源头。东坡没有否认和避开，他想去除、节制和戒断性欲。我们很难说他是否成功管理了自己的需求，也不必认为一个无性欲的东坡就是完人。

生命应该浪费在怎样的美好事物上？

和身体相对的，是对拥有外物的欲求。范仲淹说："不以物喜，不以己悲。""断舍离"的观念和行动，在现今物质过剩、消费便捷的社会中引起了广泛响应。"断舍离"的核心精神，应该是思考"我"和"物"的关系。

满足生理需求的"物"，比如食物和衣物，比较容易从降低和克制欲望、物资耗损的方面来"断舍离"。不想被太多杂物占据空间，就尽量少买。坏掉的物品不能修理或回收处理的话，就直接丢弃。

难解决的，是有用但舍不得用、现实无用但心灵有用的"物"，尤其是收藏这种"物"的癖好。

唐代张彦远在《历代名画记》中谈到自己收藏书画的心情：

余自弱年鸠集遗失，鉴玩装理，昼夜精勤，每获一卷、遇一幅，必孜孜葺缀，竟日宝玩。可致者必货，弊衣、减粝食，妻子僮仆，切切嗤笑，或曰："终日为无益之事，竟何补哉？"既而叹曰："若复不为无益之事，则安能悦有涯之生？"是以爱好愈笃，近以成癖。每清晨闲景，竹窗松轩，以千乘为轻，以一瓢为倦，身外之累，且无长物，唯书与画犹未忘情。既颓然以忘言，又怡然以观阅。常恨不得窃观御府之名迹，以资书画之广博。

张彦远把生理需求的"衣食之物"和怡然忘言的"书画之物"分别对待，爱好收藏这种"无益之事"，给予人在有限的生命里极高的喜悦。

做物的主人，不做物的奴隶

东坡也爱好收藏书画，他理性分析了这种欲求，发现自己看轻死生富贵，却格外珍视书画，简直本末倒置！物品如同过眼的云烟、偶尔听见的鸟鸣，与自己随缘聚散。他劝迷恋收藏的驸马都尉王诜说：

君子可以寓意于物，而不可以留意于物。寓意于物，虽微物足以为乐，虽尤物不足以为病。留意于物，虽微物足以为病，虽尤物不足以为乐。

君子在物品上寄托情感，不能做物的奴隶。懂得"我"和"物"的情感关联，就能主动地选择，选择物的种类，选择情感的内涵和深度。即使是小小的物品，也能带来很大的乐趣，而这乐趣也是操之在我的。相反，功利心、计较心、得失心都会阻碍我们收藏物的主动性，只看重名贵稀有的物，被外在的因素影响爱物的乐趣，真是得不偿失啊！

书画的"悦目"性质对很多人"无益"，然而如果收藏"有用但舍不得用"的东西，怎样对待呢？

东坡看得开，他在海南岛为生计变卖了大部分的酒器，只留一个荷叶杯，他说要"自娱"。他的友人石昌言收藏南唐皇室墨官李廷珪制的墨一辈子，人去墨在。东坡有诗句"非人磨墨墨磨人"，是说墨是让人磨着用的，不是用来折磨人的，否则就失去拥有物的乐趣了。

肉体和性灵的欲求看似有高下之分，我觉得不一定。有时我们太强调精神层面的崇高伟大，殊不知精神未必是虚生的，往往正是物质孕育了精神。

思考练习

你认为收藏物品的癖好可以归类在马斯洛的需求理论中的哪个层次？什么东西能够让你感到身体和性灵的双重满足？

逆商转念

你一定听过智商（IQ, intelligence quotient）、情商（EQ, emotional quotient），那你知道还有逆商（AQ, adversity quotient）吗？"逆商"又译成"挫折商"，指的是人们面对逆境、挫折时的抗压性以及应对处理的能力。

保罗·史托兹（Paul Stoltz, 1960—　）在 1997 年出版的《AQ 逆境商数》一书中提出了"逆境商数"的概念，他认为只有懂得解决和突破人生中的困难，化阻碍为机会，才能获得成功。

近年成功学当道，逆商的说法大为流行，如果用世俗的价值观衡量，东坡称不上人生成功的典范，有的人甚至认为他是个"鲁蛇"（loser 失败者）——仕途节节走下坡，跌到谷底，即使大难不死，也没享有多少后福。

东坡当然不晓得他的贬谪生活，过的就是展现逆商的日子。我拿逆商理论来当框架，目的是看东坡怎样身体力行。用尼采的话说："那些杀不死我的，让我更坚强。"我想，攻克难关，超越苦厄，积极存活，就是成功。

保罗·史托兹总结了磨炼逆商的四个步骤：聆听（listen）、探索（explore）、分析（analyze）、行动（do），合为 LEAD 方法。我们来看看东坡在海南岛是怎么面对逆境的。

聆听

在前面"如梦之梦"的章节中，我们说过东坡在惠州写的诗句"报道先生春睡美，道人轻打五更钟"，让政敌章惇不满东坡还能快活，加大了打击他的力度，将他远谪海南儋州。

东坡在儋州的职衔是"琼州别驾，昌化军安置"，位九品，比他初出仕时的八品官还低。北宋哲宗绍圣四年（1097）六月十一日，东坡在雷州告别弟弟子由，渡海往海南岛，在海口登岸，然后一路颠簸，七月二日才抵达昌化军（海南儋州）。

东坡照例向皇帝报告，呈《到昌化军谢表》，其中写道：

并鬼门而东鹜，浮瘴海以南迁。生无还期，死有余责。……伏念臣顷缘际会，偶窃宠荣。曾无毫发之能，而有丘山之罪。宜三黜而未已，跨万里以独来。恩重命轻，咎深责浅。……而臣孤老无托，瘴疠交攻。子孙恸哭于江边，已为死别；魑魅逢迎于海外，宁许生还。

东坡不能免规矩地叩谢皇恩，一再自责——"死有余责""咎深责浅"，说自己没能好好报效朝廷，做出的贡献太少，再三被贬黜是罪有应得。这例行公事里流露了内心深切的声音，东坡聆听自我，反思落到这步田地的原因和自己应该承担的责任。

即使表达自责，我们也可以看得出，这自责是虚的，没有具体的内容。相反，具体的细节是自己身心遭受的磨难："跨万里以独来""孤老无托，瘴疠交攻。子孙恸哭于江边，已为死别"。如果这是朝廷对他的惩处，目的已经达到了。东坡两次提到了这篇文章的关键——"生还"，即"生无还期""宁许生还"，似乎在怀疑没法活着回中原，实则表达了坚定生存的意志。

探索

与其消沉自伤，不如直面现况。东坡写信给程儒秀才，说儋州生活的"七无"：

> 此间食无肉，病无药，居无室，出无友，冬无炭，夏无寒泉。然亦未易悉数，大率皆无耳。惟有一幸，无甚瘴也。

东坡向内坚持活下去的决心，向外探索周围的环境。儋州的饮食、医疗、住房、社交、气候……各方面数不清的"无"——亏乏、空虚，唯一幸运的"无"，是没有像惠州那么严重的瘴气。

分析

无肉无药，东坡靠友人船运物资接济。就地逐渐建立新的人际网络。避暑御寒，都不如住房是当务之急，有了安稳的居室，至少能遮风蔽雨，抵挡冷热。

经过这番分析，东坡最迫切的是要解决住处的问题。他在儋州位阶低，几乎没有俸禄，不能住官家的宿舍。起初他和小儿子苏过租了破旧的房子，《和陶〈怨诗楚调示庞主簿邓治中〉》诗形容他们的窘状："如今破茅屋，一夕或三迁。风雨睡不知，黄叶满枕前。"昌化军军使张中不忍东坡父子煎熬，修缮了伦江驿的宿舍让他们栖身。不料，湖南提举常平董必察访广西，听说东坡住在宿舍，便派手下去儋州巡视，然后下令把东坡赶出去，连带着将张中以违法处置。

行动

逆商和智商、情商最大的差别，我觉得在于自救的行动力。

东坡付诸行动，在城南"污池之侧，桄榔树下"买了一块地，用来建房屋。他在给程儒秀才的信里说：

近与小儿子结茅数椽居之，仅庇风雨，然劳费已不赀矣。赖十数学生助工作，躬泥水之役，愧之不可言也。尚有此身，付与造物，听其运转，流行坎止，无不可者。故人知之，免忧。乍热，万万自爱。不宣。

东坡把仅有的积蓄大部分花在这容身之室，幸好获得当地百姓协助，新居顺利落成，称为"桄榔庵"。东坡作铭为记："东坡居士，强安四隅。以动寓止，以实托虚。放此四大，还于一如。"他在《新居》诗提及住"旧居"时的仰人鼻息，表示对新居稍感心满意足：

朝阳入北林，竹树散疏影。短篱寻丈间，寄我无穷境。旧居无一席，逐客犹遭屏。结茅得兹地，翳翳村巷永。数朝风雨凉，畦菊发新颖。俯仰可卒岁，何必谋二顷。

除了合乎"逆商"观念的 LEAD 法则，我想还有一个重点不可轻忽，就是东坡善于"转念"，换个角度正向思考，劣势也会有转机。你看他好像在吐苦水，说海南样样糟糕，简直不是人待的地方，然后话锋一转，说"惟有一幸，无甚瘴也"。注意！不是没有"瘴"，是没有非常厉害的"瘴"，这就算是"幸"了。

前面我们说过东坡用自嘲调节情绪，以为自己困在海外小岛，其实中原大地也是世界的一个岛啊！东坡说"念此可以一笑"，这就是转念的结果。

还有一个耳熟能详的故事，说有人送东坡生蚝，东坡剖出蚝肉，连同壳里的浆汁加酒烹调，父子俩吃得津津有味。东坡跟儿子说："可别告诉别人，让那些在北方的人也都想被贬谪来海南岛，分享我们的美食啊！"悉心品味生活，逆境中也能品尝出甘美之味，这就是转念的作用。

思考练习

如果只能选择一项，你最想提升的是自己的智商、情商，还是逆商？为什么？

自我管理之"有此衣说"

1. 自我管理的"管"是自律,"理"是调整,二者要取得平衡。

2. 市面上有许多谈自我管理的书籍,要谨慎选择。

3. 懒惰、拖延、自伤自怜是"习惯",还是需要求医治疗的"病"?请在自我管理的时候仔细思考。

乐活自我

"乐活"这个词，可以简单说是"快乐生活"；也可以说是 LOHAS（lifestyles of health and sustainability）的中文翻译，意思是健康和永续发展的生活形态。东坡应该是中国古代文人中非常重视生活的一位，即使被贬谪三次——黄州、惠州、儋州，一次比一次远离朝廷，他仍然苦中作乐。

　　什么是苦？什么是乐？东坡在其《乐苦说》一文中这样表达了他的理解：

　　乐事可慕，苦事可畏，此是未至时心耳。及苦乐既至，以身履之，求畏慕者初不可得。况既过之后，复有何物比之？寻声捕影，系风趁梦，此四者犹有仿佛也。如此推究，不免是病；且以此病对治彼病，彼此相磨，安得乐处？当以至理语君，今则不可。元祐三年八月五日书。

人人都喜欢快乐的事，害怕辛苦的事，这是苦乐的事还没有真正发生时，心里想的。等到真正发生，就不会是当初的心境了。苦乐的事过去了，也找不到可以比拟的物象，无论用什么捕风捉影的办法，也只能表述出大概的情形。所以，真正的乐处，是不必区分苦乐，也就没有欢喜和恐惧了。

人各有所好，所谓"乐活自我"的实质内涵也各有选择。在这个区块，我挑了六个我觉得比较有代表性的东坡"小确幸"：

（一）广结善缘；

（二）弥补短板；

（三）老饕大餐；

（四）沐浴安眠；

（五）养生静和；

（六）月夜闲游。

广结善缘

我在《陪你去看苏东坡》里，根据孔凡礼《苏轼年谱》中的统计，说东坡的朋友圈大约有一千三百人。这一千三百人是东坡著作里出现的人物，很多读者都表示惊讶，我也觉得东坡的社交圈好宽大！

英国人类学家罗宾·邓巴（Robin Dunbar, 1947—　）研究指出，与我们维持稳定关系且能被我们记住名字的人数大约是一百五十人，这个数字被称为邓巴数。比起邓巴数，东坡的一千三百高得多。连在海南岛和东坡说"内翰昔日富贵，一场春梦"的老婆婆，都因被东坡写进诗里——"投梭每困东邻女，换扇惟逢春梦婆"——而有了"春梦婆"的称呼，何况其他与东坡往来更密切的人呢！

东坡的朋友圈是这样搭建的

东坡有多能广结善缘？南宋高文虎《蓼花洲闲录》

记载：

> 苏子瞻泛爱天下士，无贤不肖，欢如也。尝言："上可以陪玉皇大帝，下可以陪卑田院乞儿。"子由晦默，少许可，尝戒子瞻择友。子瞻曰："吾眼前见天下无一个不好人，此乃一病。"

子由虽是弟弟，见东坡从天神玉皇大帝到救济院的乞丐都能结交，成为朋友，不免劝他要小心谨慎。偏偏东坡就是泛爱大众的人啊！

东坡见人人都是好人，那么他有没有被"好人"伤害过？又是怎么平复的呢？我们来看三个例子。

三个爱恨纠缠的朋友

东坡和王安石

北宋仁宗嘉祐六年（1061），东坡兄弟二人通过制科考试，封官任职。王安石不满苏辙考试时写的文章有批评皇帝的内容，拒绝写任命苏辙的制书；苏辙感到委屈，父亲苏洵尤为愤怒，后来写了《辨奸论》，指王安石为奸人。

东坡反对王安石变法，加深了两人的矛盾。东坡反对的，是为了达到富国强兵的目的而增加百姓的负担。政治斗争引发的"乌台诗案"，主谋并非王安石，那时他已经被罢相。北宋神宗元丰七年（1084），东坡离开谪居地黄州，去江西和弟弟相聚，又登了庐山。之后，他去金陵（江苏南京）会见无官一身轻的王安石。

"从公已觉十年迟"，东坡在给王安石的诗中这样写道。东坡这是奉承，还是后悔呢？

我觉得两种都不是，这是他和王安石的和解。他们会谈，一定会聊到攸关朝廷和个人命运最重大的事，也就是变法。东坡可能这才深入了解王安石的治国用心以及政策改革的意义。也因为这样，东坡后来还朝才会支持部分新法，反对全盘推倒，和司马光起了争执，骂他"司马牛"。

东坡和程之才

程之才是东坡的表兄，也是他的姐夫。东坡的母亲程夫人是大理寺丞程文应之女，她的哥哥程浚就是程之才的父亲。苏洵有三子三女，长子和长女、次女早夭，幼女八娘，也就是东坡的姐姐，十六岁时嫁给表兄程之才。

这本是一桩亲上加亲的婚事。八娘生了孩子，在婆家仍不受待见。她后来生了病，婆家也没给她医治。八娘带着孩子回了娘家，父母非常心疼，后悔让她吃苦。程家责备八娘没有好好孝敬公婆，去苏家带回孩子，八娘终日以泪洗面，郁郁而终。

这个"幼而好学，慷慨有过人之节，为文亦往往有可喜"的宝贝女儿殒落于十八岁的青春年华，苏洵写《自尤》诗斥程家，也深深自责当初的安排太草率。

夹在娘家和丈夫之间的程夫人左右为难。苏洵决定和程家断绝来往，这一断，就是四十二年，直到东坡被贬谪到惠州。

黄庭坚《跋子瞻和陶诗》说："子瞻谪岭南，时宰欲杀之。"东坡被贬到惠州时，宰相章惇故意命程之才为广东提刑，等于是派东坡的世仇来监管他。东坡请友人辗转探听程之才的态度，并且从子由那里知道程之才对他们很关切，于是放心和程之才通信，希望能够晤面。

从此，两家尽释前嫌。后人统计，保留在东坡文集里的书信，写给程之才的最多。

东坡和章惇

我们一直讲章惇千方百计折磨东坡，让他一贬再贬，东坡到底哪里得罪了章惇？有什么深仇大恨，使得章惇想置东坡于死地呢？

说起东坡和章惇的恩怨，就是北宋中后期六十年左右的政治史。我简单用一句话概括，就是"瑜亮情结，友人反目"。

北宋仁宗嘉祐二年（1057）的科举考试，真是群星闪耀，上榜的学子，除了东坡兄弟，还有曾巩——主考官欧阳修误把东坡的文章认作曾巩的，为了避嫌，判了个第二。此外，还有被东坡批评冒牌通儒的程颐、东坡爱和他开玩笑的晁端彦、王安石的爱将吕惠卿以及章惇。而那一届的状元，是章惇的族侄章衡。

章惇耻于落在晚辈之后，没有接受任命。北宋仁宗嘉祐四年（1059），章惇再次参加科举考试。后来章惇取得功名，出仕做官，正值东坡任职凤翔府判官，二人才开始交往。两人年龄相差一岁，惺惺相惜。

一天，章惇去拜访东坡，结伴去仙游潭玩。仙游潭附近的仙游寺，就是白居易参拜过，因而写作《长恨歌》的地方。去潭南边的寺庙，要走一段独木桥，桥下是深不可测的潭水。东坡这是第二次来，还是不敢走。章惇呢？一马当先，神色自若。

过桥后，章惇在桥对岸的石壁上题了"章惇苏轼来游"，然后平步走回来。

东坡拍着章惇的后背，说："你以后一定能杀人！"

章惇问："怎么啦？"

东坡说："你连自己的性命都不顾，哪里还会爱惜别人的命呢？"

章惇听了，哈哈大笑。

胆大直勇的章惇受王安石提拔，像他过独木桥一样，平步青云，升官比东坡还快。他们第一次政见不合，是东坡在密州时，反对官家把百姓制的盐收购后再卖回市场，为朝廷赚取利润的榷盐制。这个小摩擦没有妨碍两人的交往。东坡被贬谪到黄州，章惇还是很关心他。东坡说："平时惟子厚与子由极口见戒，反覆甚苦。"除了弟弟，就是章惇经常劝告他了。

北宋哲宗元祐年间（1086—1094），高太皇太后垂帘听政，启用司马光为宰相，展开肃清新党的工作。东坡兄弟还朝，苏辙担任右司谏，奏呈《乞罢章惇知枢密院状》，连同一些旧党官员，合力把章惇贬到了汝州，位阶由二品官降职到从三品的正议大夫，那是在元祐元年（1086）。在那前一年，东坡因反对沈起担任朝散郎监岳庙，上书抨击沈起，说沈起、章惇等人都在王安石麾下，为竞邀边功，不惜激起民族冲突。

元祐二年（1087），已经从京都被贬到地方的新党另一员高官蔡确在谪地安州（湖北安陆）游车盖亭，写了十首绝句。以前和蔡确有嫌隙的吴处厚上奏朝廷，说蔡确的诗有讥讪毁谤高太皇太后之意，这是继"乌台诗案"之后，又一起文字狱。

群臣议论应该怎样处置蔡确。东坡的意见很微妙，他提出的点子很像《罗密欧与朱丽叶》里朱丽叶诈死的做法，就是皇帝下诏把蔡确逮捕审讯，然后高太皇太后大发慈悲心，饶恕蔡确。结果，高太皇太后非但不肯配合演出，还一怒之下要把蔡确发配岭南。

大臣请高太皇太后从轻发落，说自从丁谓以后，七八十年以来，没有罪臣远逐岭南，这条路，可别重开啊！

高太皇太后气愤难消，坚持把蔡确贬到新州（广东新兴）安置。此后，蔡确没有活着北归。

风水轮流转，所以现在你晓得哲宗亲政后，重返相位的章惇为何心存芥蒂，一步步把东坡推向岭南和海南了吧？

坚强的东坡撑过来了。徽宗即位，章惇罢相，被贬至苏辙曾经待过的雷州。章惇的儿子章援听说东坡可能要执相，写信向东坡求情。东坡告诉他："某与丞相定交四十余年，虽中间出处稍异，交情固无增损也。闻其高年寄迹海隅，此怀可知。"东坡还安慰他好好照顾父亲，并在信中附上了自己用以养生的白术方给他。

北宋徽宗崇宁四年（1105），章惇死于湖州贬所，而东坡已经于四年前去世。

东坡广结善缘，固然带来了令他纠结的人际关系和政治利害，但至少在他有生之年，这些都得到了宽释。

思考练习

想一想，你和长辈、亲戚、朋友的交往中，有没有让你揪心的事？你是怎样处理的呢？

弥补短板

既有文采才华，又懂得品味生活，在你心目中，东坡是不是无所不能的啊？

东坡挺自负，承认自己"一肚皮不合时宜"，也等于在说：即使"不合时宜"，我还是可以过自己的日子，你奈我何？

东坡就没有输给别人的地方吗？

当然有啦！

宋代彭乘《墨客挥犀》记载："子瞻尝自言平生有三不如人，谓着棋、吃酒、唱曲也。"看到了吗？你如果棋艺高、酒量好、歌声美，三样能有一样行，恭喜你！你胜过东坡啦！

不过，且慢，彭乘接着说："然三者亦何用如人？"意思是这三样不如人也没关系，他简直太崇拜东坡了。

我觉得东坡了不起的本领，不是彭乘说的不如人也没关系，而是这三样短板，都被他用别的方式弥补了。

胜固欣然，败亦可喜

我们先来看看东坡是怎么说下棋的。那位在海南岛因为让东坡住公家宿舍而被罚的张中很爱下棋，东坡说他是"海国此奇士，官居我东邻。卯酒无虚日，夜棋有达晨"。又作《观棋》诗，诗前有引文说：

予素不解棋，尝独游庐山白鹤观，观中人皆阖户昼寝，独闻棋声于古松流水之间。意欣然喜之，自尔欲学，然终不解也。儿子过乃粗能者，儋守张中日从之戏，予亦隔坐竟日，不以为厌也。

东坡萌生想学棋的念头，缘于在庐山游历时的经验。白鹤观的人关了门睡午觉，只听见古松流水间传来落棋子的声音，令人神往。可惜东坡始终不会下棋，幼子苏过不知道跟谁学的，略通一二，能够陪张中下棋。东坡坐在一边观战，倒也看得津津有味。

东坡体会出"胜固欣然，败亦可喜"的竞技心得。这句话我小学时候就在运动会上听老师说过，原来是东坡的名言啊！现在大家流行说"博弈论"，分析"囚徒困境"，研究算法、概率，AlphaGo（阿尔法围棋，一款围棋人工智能程序）都打败了世界棋王李世石。吴清源在世的话，大概也只能叹息。咀嚼东坡说的"胜固欣然，败亦可喜"，单纯享受切磋棋艺的过程，才能感到快乐吧。

把盏为乐

东坡为他的堂兄苏不疑的诗题跋，说子明年轻的时候挺能喝酒，可以喝二十蕉叶，十五年不见，子明只能喝三蕉叶了。东坡说："吾少年望见酒盏而醉，今亦能三蕉叶矣。"东坡以前看见酒杯就要醉倒，如今和子明一样，也能喝三蕉叶了，这其中的变化，不只是酒量，是岁月啊！

"蕉叶"是芭蕉叶造型的杯子，杯底很浅，像个狭长的碟子。我在越南河南买过绘有山水的青花芭蕉叶小碟，当时觉得设计很新颖，样式却古雅，现在想来，莫非就是蕉叶杯的现代版？

和东坡亦友亦师的黄庭坚，在东坡的文字后面吐槽，说："东坡自云饮三蕉叶，亦是醉中语；余往与东坡饮一人家，不能一大觥，醉眠矣！"黄庭坚说他和东坡去某人家饮酒，东坡连一大觥都没喝完，就喝"挂"啦！"三蕉叶"的酒量？吹牛呢！

东坡不必直接和人拼酒，他说："予虽饮酒不多，而日欲把盏为乐，殆不可一日无此君。"他的"战术"是每天一点点，推进思想的深度，拔高自己和酒的享乐关系。

宋代实行榷酒制度，由官家控管造酒的酒曲和卖酒的经营权。《清明上河图》里，挂"正店"招牌的，是可以酿酒的酒场；挂"脚店"招牌的，只能从正店批发酒，再零售给消费者。当时，私人酿酒贩卖是犯法的行为。东坡却自酿自饮，大剌剌地写出他酿桂酒、天门冬酒，给酒取名"中山松醪""罗浮春""真一酒"，等等，还公布酿造配方、比例、步骤，写《东坡酒经》，真是明目张胆呢。

东坡常写他酿酒的方子和秘诀得自某某道士，比如我们前面说过道士杨世昌陪东坡夜游赤壁，教东坡用蜂蜜酿酒，东坡作《蜜酒歌》。不过，喝了东坡酿的蜜酒的人都泻肚子了！

酒量不行，酿酒技术也待提升，东坡另有本事，他喝酒喝出了哲学的境界。《酒隐赋》写一位"隐于酒"的逸人，他"不择山林，而能避世。引壶觞以自娱，期隐身于一醉"。

在《浊醪有妙理赋》里，他认为酒是"独游万物之表"，达到"神圣功用"最快捷的方式，他醺醺然于"在醉常醒，孰是狂人之药；得意忘味，始知至道之腴"。虽然东坡的酒量不怎么样，他写的关于酒的文章却十分有哲理，果然短板激长。

唱曲填词

前面彭乘说东坡自称有三件事不如人，彭乘认为

"然三者亦何用如人"。不必样样比人强嘛！他又接着解释东坡不善于唱曲："子瞻之词虽工，而不入腔，正以不能唱曲耳。"东坡的音乐造诣不行，影响了他填词的功力，即使文字颇佳，但不合格律，就等于是败笔。

下棋和喝酒，关乎个人兴趣和体质，无伤大雅。填词就不同了，才华再高，不合规矩，就难免受到批评。直接点名批评他的，有词人李清照。她说：

至晏元献、欧阳永叔、苏子瞻，学际天人，作为小歌词，直如酌蠡水于大海，然皆句读不葺之诗尔。又往往不协音律者。何耶？盖诗文分平侧，而歌词分五音，又分五声，又分六律，又分清浊轻重。

李清照佩服东坡学问深广，说他填词就像拿葫芦做的瓢从大海里舀水一样，取之不尽。但她又说，可惜东坡词只是一些句式不整齐的诗而已，况且还常常不合格律。李清照还分析了东坡词不合格律的原因，就是他虽然讲究了字的平仄（同"仄"），但没有照顾声调及清浊。

汉语里有很多同音字，平时说话有前后脉络，都还免不了会错意，相声里的笑哏就用到了谐音。放在歌曲里，配合音调和断句，处理不得当的话，笑话更多。

苏门子弟袒护老师，纷纷出来打圆场："东坡居士曲，世所见者数百首，或谓于音律小不谐，居士词横放杰出，自是曲子中缚不住者。"这些话，有的记载中说是黄庭坚说的，有的记载中说是晁补之说的。总之，关于东坡词缺点的说法，当时一定让苏门子弟不爽，要应战，强调老师的作品横空出世，不受格律约束。

前面讲过东坡对比自己的词作与当时最流行的柳永词，夸自己"自是一家"。还有一次，东坡问一位歌手："我的词比柳永的词怎么样？"歌手很机灵地回答：

柳郎中词，只合十七八女郎，执红牙板，歌"杨柳岸，晓风残月"。学士词，须关西大汉，执铜琵琶，铁绰板，唱"大江东去"。

东坡听了，非常开心！柳永的词温柔婉约，适合妙龄女子演唱；东坡的词要男子汉才能表现出豪放雄迈的气势。这位歌手完全道出了东坡"自是一家"的特色啊！

不过，词学研究者可不一定满意。词是为酒宴歌席助兴的。宋代酒业兴隆，带动娱乐演艺繁盛，有市场需求，填词才十分流行，有多少人会喜欢点关西大汉来陪酒，动不动就感慨"人生如梦"呢？

也有学者为东坡解围，说东坡其实也懂唱曲，也明音律，例子我就不细谈了。我要说的是，当年东坡被李清照指出的问题，随着词曲的旋律逐渐失传，已经没那么严重。相反，像"念奴娇"这样的词牌下面，有了"赤壁怀古"的标题，主旨更加清晰，使读者更容易理解。所谓词的"向上一路"，经东坡超前"部署"，三度弥补短板。东坡天上有知，定然"呵呵"不已。

想一想，你有什么短板？怎样才能弥补？

老饕大餐

不晓得苏东坡是谁的人，大概也吃过东坡肉。我在《陪你去看苏东坡》里，写过一篇《东坡没吃过东坡肉》，谈了东坡肉的由来。我认为东坡肉是后人发明的，而东坡自己则觉得猪肉烧竹笋最好吃。

东坡因"乌台诗案"入狱，生死未卜。

长子苏迈每天给他送饭。东坡与其约定，假如听说了坏消息，就把每天送的菜和肉换成鱼。苏迈侍候了好长时日，逐渐拮据。

一天，他委托亲戚帮忙送饭，自己去筹钱，但是忘了交代他和父亲约定的信号。亲戚可能想让东坡好好吃一顿，就准备了鱼送去。东坡见到鱼，大为震惊，以为来日无多，就写了诗作为遗书，请狱卒带出，转交弟弟子由。据说狱卒不敢隐瞒，将诗上交，让神宗皇帝知道了，动了怜悯之心。

那条鱼，东坡吃没吃呢？我猜，就算明日杀头，东坡今天还是会大快朵颐的。狱中生活没有给他留下阴影，一百多天后出狱，初到谪地黄州，他仍然忍不住写诗。对着黄州的竹笋和鱼，东坡不禁流口水："自笑平生为口忙，老来事业转荒唐。长江绕郭知鱼美，好竹连山觉笋香。"

东坡品牌美食

东坡爱吃，尤其喜欢创造发明，他的食谱里冠有"东坡"品牌的，是东坡羹。他说："东坡羹，盖东坡居士所煮菜羹也。不用鱼肉五味，有自然之甘。"他把白菜、萝卜、大头菜、荠菜（一说芥菜）揉洗几遍，去掉辛辣苦味，加一点油和水，煮成菜汤，再放一些米和生姜，就是美味的东坡羹了。没有以上那些菜的话，瓜类、茄子加红豆和粳米也可以。

这款素食东坡羹最适合在贫穷的时候对付着过生活，在物资匮乏的海南岛，东坡吃了不少东坡羹。他写《菜羹赋》说："忘口腹之为累，以不杀而成仁。窃比予于谁欤？葛天氏之遗民。"简直是活在淳朴的上古之时啊。

说归说，什么最爱清淡天然的蔬食美味，其实东坡最喜欢的，还是猪羊肉、螃蟹和葡萄酒。你看他的《老饕赋》，不仔细了解背景，还以为是记录一场欢宴，哪里晓得是在海南岛的精神大餐呢。

我们现在说"吃货""老饕"，是赞美的意思吧？"老饕"这个词可能是东坡创的，来源是神话里的怪兽饕餮。饕餮人面羊身，眼睛长在腋下，凶恶又贪吃。东坡把象征贪馋的饕餮拿来自比，说自己不但和饕餮一样沉迷口腹之欲，而且是个资历老的饕餮。

东坡的私房大餐菜单

《老饕赋》不长，我们来看看这里头的东坡私房大餐菜单：

庖丁鼓刀，易牙烹熬。水欲新而釜欲洁，火恶陈

（江右久不改火，火色皆青）而薪恶劳。九蒸暴而日燥，百上下而汤鏖。尝项上之一脔，嚼霜前之两螯。烂樱珠之煎蜜，溜杏酪之蒸羔。蛤半熟而含酒，蟹微生而带糟。盖聚物之天美，以养吾之老饕。婉彼姬姜，颜如李桃。弹湘妃之玉瑟，鼓帝子之云璈。命仙人之萼绿华，舞古曲之郁轮袍。引南海之玻璃，酌凉州之蒲萄。愿先生之耆寿，分余沥于两髦。候红潮于玉颊，惊暖响于檀槽。忽累珠之妙唱，抽独茧之长缫。闵手倦而少休，疑吻燥而当膏。倒一缸之雪乳，列百椀之琼艘。各眼滟于秋水，咸骨醉于春醪。美人告去，已而云散，先生方兀然而禅逃。响松风于蟹眼，浮雪花于兔毫。先生一笑而起，渺海阔而天高。

东坡说，要请刀工最棒的庖丁来操刀，最懂烹调的易牙来掌勺。锅具和水要干净，注意烧柴，控制火候。要耐得住性子，有的食材要多次蒸煮以后再晒干，有的要慢慢炖熬。然后，上菜了！

东坡吃些什么呢？

猪颈脖最嫩的一块肉，秋天霜降之前螃蟹的两只螯，蜂蜜煎樱桃，羔羊肉搭配杏仁酪，半熟的蛤蜊淋一点酒，酒糟腌的螃蟹，用精美的玻璃杯盛上等的葡萄酒，娇滴滴的美女来歌舞作陪。吃喝得双颊红润，醉眼惺忪。酒足饭饱，再用兔毫纹样的杯盏饮雪乳般的茶，呀！太快活了！东坡先生忘了所有烦恼，海阔天空。这老饕就是集美食而养成的啊。

类似的大餐，还有另一张食单：

烂蒸同州羊羔，灌以杏酪，食之以匕不以箸；南都拨心面，作槐芽温淘，渗以襄邑抹猪，炊共城香粳，荐以蒸子鹅；吴兴庖人斫松江鲙。既饱，以庐山康王谷帘泉，烹曾坑斗品茶。

这张食单还精挑了食品的产地，吃陕西同州的蒸羊羔，浇上杏仁和香粳熬的酪浆，幼嫩鹅肉，刀工一流的吴兴厨师切的松江鲙鱼。吃饱了，品用庐山康王谷泉水煮的福建建安曾坑的茶。

然后做什么事呢?

少焉，解衣仰卧，使人诵东坡先生《赤壁》前、后赋，亦足以一笑也。

休息一会儿，解开衣襟躺着，让人吟诵前后《赤壁赋》，一乐也!

色、香、味——东坡创立中国菜评分标准

东坡不但提出"老饕"一词美化了贪吃，还提出我们至今仍奉守的料理品评原则：色、香、味俱全。

薯和芋是海南岛人的主食，东坡说他"日啖薯芋"。小儿子苏过很像父亲，也爱自创美食，他用山芋和米煮粥，东坡取名叫"玉糁羹"，作诗极其夸张地赞赏一番。诗名很长，讲的就是玉糁羹的由来:《过子忽出新意，以山芋作玉糁羹，色香味皆奇绝。天上酥酏则不可知，人间决无此味也》。

香似龙涎仍酽白，味如牛乳更全清。莫将南海金齑脍，轻比东坡玉糁羹。

每天吃腻了的芋头，稍作变化，成了又香又白的玉糁羹，比鱼肉滋味还好呢。

东坡爱吃羊肉。宋代的高级肉品正是羊肉。南宋陆游记载东坡文章流行的程度，说："苏文熟，吃羊肉；苏文生，吃菜羹。"意思是学好东坡文，就可以做官天天吃羊肉。

行动的老饕东坡走到哪里，吃到哪里。他的诗文是最好的营销渠道，为中华料理添加一道道美食。比如近年兴起的羊蝎子，就是羊脊骨。东坡在给弟弟子由的信里就介绍过他发明的吃法。他说惠州市场每天供应一头羊，他买便宜的羊脊骨，先煮熟了，漉去水分，浸渍在酒里，然后撒少许盐烘烤，挑出骨间肉吃，味道堪比螃蟹的螯。几天吃一次，大补元气！唯一顾虑的，是和狗抢骨头，让狗生气呢！

思考练习

你或者你家有没有发明什么创意美食？试着像东坡一样写食谱及有关饮食的故事。

沐浴安眠

　　东南亚华人把洗澡叫作"冲凉"，浴室都是淋浴。我在新加坡买的是中古屋（二手房），把厨房和卫浴设备全部打掉重新设计，地板防水，另铺瓷砖，我要加进浴缸。

　　"你用不着浴缸。"装修师傅说。

　　我坚持，即使每天气温 24℃～32℃，我还是觉得泡澡是一种放松身心的享受。

　　我和装修师傅去选购浴缸，种类很少，样式也陈旧。"新加坡人不需要浴缸。"他说。我确定，我就是要，管你说什么浪费空间呢！

　　然后，果真，我泡澡的次数越来越少。我也入乡随俗，冲凉罢了！

　　古人没有天天冲凉，所谓"三日一沐，五日一浴"，"沐"是洗头发，"浴"是洗身体。洗脸和洗手脚比较简单，可以天天洗。官员放假叫"休沐"，好好洗一洗，休息休息，很贴切呢。

沐浴，也是疗愈

东坡是行动老饕，走到哪里，吃到哪里。他也是随遇而安的生活家，走到哪里，玩到哪里，顺便将全身上下痛快地洗干净。不像邋里邋遢的王安石，有名的不爱洗澡、不爱换衣服，甚至身上还长虱子。

宋代的服务业很发达，民间经营公共澡堂，寺院、道观提供沐浴的空间。你看东坡在江苏盱眙被搓背搓得"流汗呀气"：

《如梦令·水垢何曾相受》词：

水垢何曾相受。细看两俱无有。寄语揩背人，尽日劳君挥肘。轻手。轻手。居士本来无垢。

《如梦令·自净方能净彼》词：

自净方能净彼。我自汗流呀气。寄语澡浴人，且共肉身游戏。但洗。但洗。俯为人间一切。

东坡拜托这位卖力的搓背人轻一些——"我"身上的污垢没那么厚呀！这阕词既写实，又能引向政治、哲学的层次。那些看不惯东坡，想要"肃清"他的人，自己难道是一尘不染的吗？我们都活在尘世间，蓬头垢面，需要洗除烦恼，还原洁净身心。

我在《陪你去看苏东坡》里，谈了宋代僧人沐浴的细节；东坡的《安国寺浴》诗，是他经历政治波涛之后在黄州潜静水疗时写的。他舒舒服服洗完热水澡，披衣闲坐，让头发自然风干。"忘净秽""洗荣辱"，怡然自得。

东坡还喜欢泡温泉，和表兄程之才和解以后，他们一同去惠州白水山汤泉；东坡写诗赠表兄，表达了与世无争，如在桃花源境界的畅快：

永辞角上两蛮触，一洗胸中九云梦。浮来山高回望失，武陵路绝无人送。……解衣浴此无垢人，身轻可试云间凤。

当时有个叫蒲宗孟的人，处事果敢，行政能力很强，他有点像前面提过的宋祁，当了官，有钱就任性。蒲宗孟每天家里要宰十头羊、十头猪，晚上要点三百支蜡烛。有人劝他节省一点，他生气地说道："你是要我坐在暗室里面挨饿吗？"

蒲宗孟最奢华的享受是日常清洁。《宋史》记载："有小洗面、大洗面、小濯足、大濯足、小大澡浴之别。每用婢子数人，一浴至汤五斛。"这排场，大概和皇帝也差不多。蒲宗孟写信给东坡，吹牛说自己"晚年学道有所得"，东坡用《道德经》中的话委婉地回应他，劝他"一曰慈，二曰俭"。蒲宗孟如果真的学道有得，就明白东坡是拐个弯讽刺他："老子说：'一曰慈，二曰俭，三曰不敢为天下先'，你做到了吗？"

办法总比问题多

宁可俭朴，乐在其中。东坡去临安海会寺，登山让人腿酸肚饿，到达目的地，吃饱饭，洗个澡，倒头就睡，鼾声大作，香甜无比："杉槽漆斛江河倾，本来无垢洗更轻。倒床鼻息四邻惊，纵如五鼓天未明。"

前面讲过东坡常做梦，很少失眠，他还习惯睡午觉。《南乡子·自述》勾画了他惬意的理想生活：

凉簟碧纱厨。一枕清风昼睡余。睡听晚衙无一事，徐徐。读尽床头几卷书。　　搔首赋归欤。自觉功名懒更疏。若问使君才与术，何如。占得人间一味愚。

拂着清风，躺在凉席上睡午觉。晚上不用加班，缓缓把床头的书读完。不计较富贵功名，就当个愚昧平庸的人，职责尽完，回归田园。短短的小词里，用了两个"睡"字，比起现代人说"钱多事少离家近，睡觉睡到自然醒"，东坡更逍遥，上班时间还能大大方方地睡午觉呢！

到了海南岛，东坡没有浴盆，洗热水澡也是件奢侈的事。东坡告诉弟弟，说他改为"干浴"，就是擦澡。头发不能常洗，他就天天梳理。"主人劝我洗足眠，倒床不必闻钟鼓",晚上睡前泡脚,助眠的效果一样好。他写了《谪居三适》诗三首,分别为《旦起理发》《午窗坐睡》《夜卧濯足》。总之那句话:"办法总比问题多。"不能如常地沐浴安眠,还是可以找到别的方法,快乐是属于懂得找快乐的人的。

吃得饱,睡得着,没烦恼

谈了东坡的老饕大餐,又说他乐于沐浴安眠,你猜,吃和睡,东坡偏爱哪一个?

《东坡志林》里讲了两个穷酸读书人对未来的憧憬,甲说:"我为了考取功名,顾不上吃饭和睡觉,等我发达了,天天吃饱便睡,睡醒了再吃!"乙说:"我和你不一样,我要吃了又吃,哪里有时间睡啊!"东坡说:"我来庐山,听说有个马道士很能睡,深得睡觉之妙道。但是啊,依我看来,还是不如吃饭有乐趣呀!"

吃饭、睡觉、沐浴, 哪个对你最重要? 为什么?

养生静和

东坡如果生在当代，一定常在网络社交媒体上发"长辈文"，分享关于养生体验、食疗药膳秘方的诗文及信息。

他的粉丝超级多，"病毒式"转发传播，前后有两个头号粉丝把他的帖子收集起来，编了两部书。一部是南宋的《苏沈良方》，内容是东坡和沈括记录的治疗疾病的药方。另一部是明末清初的落榜秀才王如锡辑选的《东坡养生集》（初刻于1635年）。

《东坡养生集》——"长辈文大全"

《东坡养生集》里包括了《苏沈良方》中的部分内容，我们就看《东坡养生集》吧。这部书共有十二卷，各卷的名称、主题及收录文章如下。

第一卷《饮食》，食品和茶酒。如：《姜粥》《煮鱼法》《漱茶》。

第二卷《方药》，药膳和配方。如：《服胡麻赋并叙》《石菖蒲赞并叙》。

第三卷《居止》，日常生活起居。如：《静常斋记》《喜雨亭记》。

第四卷《游览》，游观见闻感怀。如：《凤翔八观》《后赤壁赋》。

第五卷《服御》，文房四宝器具杂项。如：《李廷珪墨》《端砚》。

第六卷《翰墨》，书画题跋。如：《宝绘堂记》《传神记》。

第七卷《达观》，人生感悟与价值观。如：《破琴诗并引》《凌虚台记》。

第八卷《妙理》，论辩世事道理。如：《赤壁赋》《日喻》。

第九卷《调摄》，调养修护身体。如：《续养生论》《养生诀》。

第十卷《利济》，关怀百姓民生。如：《秧马歌并引》

《圣散子后叙》。

第十一卷《述古》，评述历史人物。如：《书渊明〈归去来〉序》《留侯论》。

第十二卷《志异》，灵异神奇事件。如：《子姑神记》《天篆记》。

你会不会觉得奇怪，这王如锡是不是"掺水"了？怎么前后《赤壁赋》也算进"养生"？"养生"的意思，不就是照顾好身体、不生病、延长寿命吗？这十二卷里，就第一、二、九卷属于"养生"嘛！

我乍读《东坡养生集》也有类似的想法。明代民间编辑出版事业繁荣，变着花样挂东坡的名字出书，什么《东坡禅喜集》《苏长公合作》《坡仙集》……反正用不着付版税。《东坡养生集》很有卖点，换成今日，应该也会受读者欢迎吧？

且慢，我这个"实事求是"的坏毛病又出来煞风景了。

东坡爱吃，吃成行动老饕，你认同吧？东坡会生活，堪称生活美学家，你接受吧？这生活里单单保健养生，东坡就发表过不少意见，看标题就知道，有《记三养》《问养生》《养生说》《养生诀》《续养生》……林林总总，搞得我都弄不清哪篇是哪篇了。作为"养生文选"，当然没问题。但我们真的要把东坡的这些文章当作"养生指导"的范例，学习东坡的养生方法吗？

我犹疑的原因，是这么多养生大道理和实践清单的论述，并没有让东坡长寿。

养生不一定长寿，亏了吗？

程民生教授从宋人文集采集了一千四百六十六个例子，统计得出宋人平均寿命是五十六点七岁。学者吴志浩加上为士人写的墓志铭数据，采集一千七百六十五个例子，计算的结果，宋代人的平均寿命是六十一点六八岁。东坡呢？活到六十五岁，虽然比同时代普通人长寿，但与可能一点儿也不讲究养生，不坐禅、不炼丹、不导引、不调息、不食补，木木然任凭生老病死的其他人比起来，只多活了不到四年！你会不会和我一样感到失望？

费了好大功夫，只多活了不到四年，东坡的养生方法能有什么功效？

你也可以换个方向想，幸亏东坡重视养生，不然，可能连当时人的平均岁数都活不到。

一来二去，我回到王如锡编选《东坡养生集》的初衷，看看他到底是怎样说服读者相信这十二卷的内容都算是"养生"的。

王如锡在书的自序里，反复陈说这本书是"从东坡性情而为言者也"。什么是"东坡性情"？我想，就是他认为的，东坡"翛然自得，超然境遇之中，飘然埃墲之外者，乃能历生死患难而不惊，杂谐谑嬉游而不乱"，能够"穷通得丧，妍媸纤巨，实而一之"。

养生的目的，不只是强身健体，不是飞黄腾达，而是爱惜有限的人生，从身、心、灵各方面，活出生命的意义。吃什么、玩什么、关心什么、思考什么……这些都基于作为一个完整的人的本质，需要培育和养护。摒弃单一片面的价值观，无论顺境还是逆境，都能安然处之。

不增不减静安和

我们想到的养生，一般从两个方向进行：一是增——做什么；二是减——不做什么。我在前面"灵肉欲求"的章节中，谈到东坡借用枚乘《七发》作《书四戒》，"戒"就是减。东坡在《记三养》中写道：

东坡居士自今日以往，早晚饮食，不过一爵一肉。有尊客，盛馔则三之，可损不可增。有召我者，预以此先之，主人不从而过是者，乃止。一曰安分以养福，二曰宽胃以养气，三曰省费以养财。元符三年八月。

一餐饭的分量限于一杯酒和一碗肉，请尊贵的客人吃饭，最多三倍分量，可以减少，不能增加。主人请"我"吃饭，也遵守这样的约定。既有规律，对肠胃好，还能省钱。养福、养气、养财，叫作"三养"。

东坡吃生姜、蜂蜜、菊花、枸杞、薏苡、茯苓、胡麻，等等；酿制药酒，比如桂酒、天门冬酒；饭后用茶水漱口；这些都能增益养生。

还有一种"不增不减"的养生观念，便是"静"："静故了群动，空故纳万境。"

他向吴子野请教养生之道，得知"安"与"和"的真谛——"安则物之感我者轻，和则我之应物者顺。外轻内顺，而生理备矣"。内外兼修，对外不受物之干扰，对内顺应物之变化，于是能够"静"。积极一点，调息静坐。或者"漠然而自定"，达到"无古无今，无生无死，无终无始，无后无先，无我无人，无能无否，无离无著，无证无修"。

众声喧哗的当代世界，人们很容易激扬过动，如果我看到东坡发的"长辈文"，会静静地点"赞"，然后，该吃吃，该喝喝，该睡睡。

你喜欢转发社交媒体上流传的养生保健信息吗？你会按照信息中说的方法做吗？

月夜闲游

你有没有注意到,东坡脍炙人口的名篇,很多是写月圆前后的景象和心情的?比如《蝶恋花·密州上元》写的是元宵节;《水调歌头·明月几时有》《西江月·世事一场大梦》写的是中秋节。你可能会想,"每逢佳节倍思亲",看天上一轮明月,念远方不能团聚的亲友,诗人之常情嘛。

可是,那些名篇除了描写景象和心情,很多还是东坡的夜游记录。东坡喜欢游山玩水,晚上也没虚度呢!

你看《石钟山记》,东坡和长子苏迈晚上坐船考察"石钟"名称的由来。仅北宋神宗元丰五年(1082),他就写过三次夜游黄州赤壁的经历:七月的《赤壁赋》、十月的《后赤壁赋》、十二月的《李委吹笛(并引)》。十月就已经"霜露既降,木叶尽脱"了,十二月大寒冬,还要拉着朋友去夜游喝酒庆生,东坡是有多爱夜游啊!

"昼短苦夜长，何不秉烛游"，夜晚的嬉游别有情致。

李白从空间和时间双维度，让"秉烛夜游"充满意趣，《春夜宴诸从弟桃花园序》说：

夫天地者，万物之逆旅也；光阴者，百代之过客也。而浮生若梦，为欢几何？古人秉烛夜游，良有以也。

闲者便是主人

东坡呢？他让月光照亮前路，享受的是悠闲。李白说："清风朗月不用一钱买。"东坡的《赤壁赋》讲得更彻底："惟江上之清风，与山间之明月，耳得之而为声，目遇之而成色，取之无禁，用之不竭，是造物者之无尽藏也。"东坡认为大自然有丰富的资源，人们可以利用资源成就自己。

东坡在《临皋闲题》中说："江山风月，本无常主，闲者便是主人。"我们不是只取用大自然的客体，而是统御江山风月的主人。要做统御江山风月的主人，最要紧的条件，是"闲"，闲着没正事干，任意逍遥徜徉。

东坡把"闲"当成一种乐活心态，例如《南歌子·和前韵》：

> 日出西山雨，无晴又有晴。乱山深处过清明。不见彩绳花板、细腰轻。　尽日行桑野，无人与目成。且将新句琢琼英。我是世间闲客、此闲行。

《行香子·述怀》：

> 清夜无尘。月色如银。酒斟时、须满十分。浮名浮利，虚苦劳神。叹隙中驹，石中火，梦中身。虽抱文章，开口谁亲。且陶陶、乐尽天真。几时归去，作个闲人。对一张琴，一壶酒，一溪云。

"我是世间闲客、此闲行"典出于杜牧诗"景物登临闲始见，愿为闲客此闲行"。"一张琴，一壶酒，一溪云"让人联想欧阳修自号"六一居士"的"藏书一万卷，集录三代以来金石遗文一千卷，有琴一张，有棋一局，而常置酒一壶"，加上自己一老翁，合称"六一"。

不可否认的过去，自我的真实存在

说得轻松，假如深究背景，就晓得东坡的闲情逸致有时候其实是闷得慌，被卸除职务之后的无所事事，且看《记承天寺夜游》：

元丰六年十月十二日夜，解衣欲睡，月色入户，欣然起行。念无与为乐者，遂至承天寺寻张怀民。怀民亦未寝，相与步于中庭。庭下如积水空明，水中藻、荇交横，盖竹柏影也。何夜无月？何处无竹柏？但少闲人如吾两人者耳。

东坡谪居黄州时，多次拉着朋友去赤壁。他虽然平时睡眠情况还好，但这一次，才农历十二日，月色就惹得他不安于室。一时兴起，这个时候，有谁可以陪他同乐呢？东坡到承天寺找张怀民。果然，怀民还没睡，两人就在中庭散步。月光如水，那交错摇曳的水藻，原来是竹子和柏树的影子啊。这样的景色到处都有，难得的是，这是属于他们两个闲人的月夜。

你觉不觉得，这是东坡发的废文？

两个被贬谪的人惺惺相惜，一起度过一个再普通不过的夜晚，东坡偏偏要煞有介事地记录明明白白的年月日，赋予彼时彼刻特殊的意义。这两个闲人在政治前途上做不了主，却成了江山风月的主人。

人生会历经种种被动、被迫、被指使，难道不能剪掉傀儡的线，演出自己主导的戏？关键在于要有一双有洞察力的眼睛，能够透过表象，看见底层得以翻转的契机和逻辑。

王家卫导演的电影里的人物看似迷离空洞，但有时他们认真起来，会令我毛骨悚然，因为那游戏太吸引我投入，比如《重庆森林》里，吃5月1日到期的凤梨罐头的金城武。还有《阿飞正传》里，张国荣和张曼玉的一分钟朋友。

张国荣要张曼玉看着他的手表一分钟，然后说：

1960 年 4 月 16 日下午 3 点之前的一分钟，你和我在一起，因为你，我会记住这一分钟。从现在开始，我们就是一分钟的朋友，这是事实，你改变不了，因为已经过去了。

东坡的月夜闲游废文，一样的，不可否认的过去，自我的真实存在。

年年上元夜，明月清风

再看北宋哲宗元符二年（1099）的元宵节，东坡是怎么度过的：

己卯上元，予在儋州，有老书生数人来过，曰："良月嘉夜，先生能一出乎？"予欣然从之。步城西，入僧舍，历小巷，民夷杂揉，屠沽纷然。归舍已三鼓矣。舍中掩关熟睡，已再鼾矣。放杖而笑，孰为得失？过问先生何笑，盖自笑也。然亦笑韩退之钓鱼无得，更欲远去，不知走海者未必得大鱼也。

这次不是东坡找人夜游，而是海南儋州的老书生们邀东坡一起过节。他们往城的西边走，进入寺院，穿过小巷，来到卖酒和肉的市集，回到住处时已经三更天了。家里人掩门熟睡，已经发出鼾声。东坡放下手杖，笑了。

苏过问父亲："怎么啦？"

东坡说："没事，你睡吧。"

这是东坡度过的第六十三个上元日。那之前，他是怎么度过上元日的呢？

在杭州：明月如霜，照见人如画。

在密州：击鼓吹箫，乍入农桑社。

在皇宫：侍臣鹄立通明殿，一朵红云捧玉皇。

在定州：牙旗穿夜市，铁马响春冰。

在惠州：散策桄榔林，林疏月鬅鬙。

今晚的夜游聊备一格，若有所失，谈不上落寞，也不算喜悦。东坡想起韩愈在《赠侯喜》诗中说的："君欲钓鱼须远去，大鱼岂肯居沮洳。"韩愈和侯喜在河边钓鱼，等了好久，只钓到一条小鱼。韩愈说："要出海才钓得到大鱼，大鱼不会待在这种低湿的小地方。"东坡想，自己已经来到大海尽头，鱼在哪里？

有没有鱼，重要吗？什么又是"非如此不可"的重要事？

可笑。这世间，这想不透的我。

思考练习

你有没有难忘的夜游体验？夜游和白天游览的感受有什么不同？

乐活自我之"有此衣说"

1. 养生不只是养身，还包括精神和心灵的修养。

2. 原谅曾经背叛你的人，才能和自己和解。

3. 悠闲一点，放过自己吧。急功近利，急躁冒进，只会继续当外物的奴隶。

后 记

学苏东坡有什么用？

我写这本书时正值 2020 年春夏新型冠状病毒肆虐，每天看到新闻媒体发布的新增感染人数，我都深深忧虑。连续七十七天，我真的是足不出户，除了拿取快递和网购的食材，我几乎连家门都没有打开过，真是"闭门造车"，完成了这本书。

病毒离我那么近。离我住处八百米的一家商场，连续两三天有人感染，并且感染者出入的超市、美食街、商店，都是我过去每星期至少光顾一次的地方。

尽管如此，人们还是会出门进行必需的活动，比如购买食物和日用品、就医、邮寄、处理财务问题，等等。而冷饮、甜品、美容、美发、中医、服饰、书籍文具等相关的店都不再开门营业。

我在 4 月收到了一张圣诞卡。那天我从快递员手中接过一纸袋并不是自己网购的食品，十分困惑。打开那张圣诞卡，才晓得是学生问候我的起居，特地替我网购了咖啡和手工饼干，请快递送来。

"因为文具店没开，家里只有这张卡片……"学生写道。

当时我正读到东坡在海南岛的心情：

吾始至南海，环视天水无际，凄然伤之，曰："何时得出此岛耶？"已而思之，天地在积水中，九州在大瀛海中，中国在少海中，有生孰不在岛者？

我从中国台湾移住新加坡，不能和学生面对面晤谈，有如身陷孤岛。然而地球 70% 的面积是海洋，土地相连的各洲大陆也是一个个大岛呀。我们本来就生存在各自的岛屿之上，做身心的岛主，有了网络为工具，互相关心联系。比起古人，我们便利极了。

我把自己用跟东坡学来的"转念"解决了当下的郁闷的故事，写成我在新加坡《联合早报》的专栏文章，希望能和读者分享如何疏解紧绷、烦躁的情绪。

活着，就必须解决一个接一个的问题，有的问题我们能够判断和选择，有的则身不由己。

每当遇到难以解决的问题，我就会读读东坡的诗文，设想如果东坡生在今世，他会怎么想、怎么做，或是从他的生命历程里，寻求可能相应的部分。从东坡"乌台诗案"的历史与其相关的诗文中我学到：你要活得比你的敌人还健康，还长寿，还自得其乐！

在《杭州召还乞郡状》中，东坡说到他因"乌台诗案"被捕时，"自期必死。过扬子江，便欲自投江中，而吏卒监守不果。到狱，即欲不食求死"。他没死成，因吏卒严控，也因他牵挂着弟弟和妻儿。他后来被贬谪到海南岛，年老困顿，反而求生意志弥坚，我觉得他不是怕死，是不屈服于恶劣卑鄙。除了自己，谁能主宰你的人生？

东坡受难时，周围营救的人不少，也有人掉头离去。东坡出狱后，为了不给人添麻烦，宁可少和友人来往。到了海南岛，联系更为不易，他鼓励自己说"古之立大事者，不惟有超世之才，亦必有坚忍不拔之志"。存活生还，靠的是坚强勇敢的意志力！

你问我，学苏东坡有什么用？

我仰赖东坡的文字构筑了心灵的堡垒，让我和他一样，在逆境中存活。

2020 年 5 月，台湾中学语文教科书是收录东坡《记承天寺夜游》一文，或是用当代作家的白话文取代，引发议论。几位记者询问我的看法，我在我的脸书（facebook）上一并回复。我写道：

我的态度是：尊重课纲和出版社，各校自行选购。毕竟我不是一线的教师，很多实际的操作执行非我所知，以下我说的，只是个人看法，聊供谈助。

一、课纲里的文言文、白话文比例。

新文化运动都已经过去一百多年了，白话文为什么还没有百分之百占领我们的写作空间？《红楼梦》是白话文还是文言文？请想一想：

1.文言、白话、口语的界定和变化。

2.书面语和口头语的差别和混用。

二、如课本中没有苏东坡，会渴死你的灵魂吗？

1.什么是你的灵魂？灵魂对你重要吗？你有没有灵魂？灵魂是迷信吗？

2.什么可以给你的人生提供养分？

3.游戏"王者荣耀"中为什么没有苏东坡？法国人选的12位世界"千年人物"中为什么有苏东坡？

三、如果课本中有苏东坡会怎样？

1.苏东坡的作品是东亚汉字文化圈的共同文化典范，你学了没有缺憾。

2.汉语中有很多个成语是苏东坡贡献的。

四、怎样读出《记承天寺夜游》的当代意义和趣味？

1.疗愈：被贬谪的落魄人，被月亮照得失眠。

2.打卡标签：元丰六年十月十二日。承天寺。张怀民。

3. 小确幸：什么是好友？陪你哭，陪你笑，陪你睡不着觉，陪你做傻事。还要发布文章说：嘿嘿！大家看，我们很乐很闲很有聊。

我的帖子被多次转发，也兴起讨论"学苏东坡有什么用"的话题。

2020 年 10 月，我应邀给美国斯沃斯莫尔学院（Swarthmore College）讲了一堂东坡词，网络授课，效果丝毫不减，讨论热烈，时间延长了四十分钟。一位心理系教授后来发电子邮件给我，表达她的激赏，她任职于音乐系的先生觉得我播放的东坡词吟唱十分惊艳。东坡的魅力超越东亚文化圈，横跨太平洋。我回信时，引用了东坡词里柔奴的话："此心安处是吾乡。"（Wherever my heart is at peace, is my homeland.）

那些认为学苏东坡，乃至学文言文、学古典文学都没有用的人，或许有他们在人生低谷里可以呼喊求助的别的名字和力量。或许，他们从来没遇到过难关。又或许，他们不晓得自己错失了什么……

这些，说到底，就是我写这本书的初心。认识自我，成为自己喜欢的自己，我学习的对象是苏东坡，与大家分享，请大家见证。

倍万自爱。

爱自万倍。

深深祝福所有的读者朋友！

衣若芬书于新加坡

2020 年 6 月 11 日初稿，

11 月 17 日修改，11 月 21 日再修改

附　录

苏轼人生大事年表

年份	年龄	事迹	地点	相关作品
宋仁宗景祐三年〔丙子〕农历十二月十九日（公元1037年1月8日）	出生	苏轼字子瞻，一字和仲，又字子平。 祖父苏序，祖母史氏。 父亲苏洵，字明允。 母亲程氏，大理寺丞程文应之女。 乳母任采莲	四川眉山纱縠行（今三苏祠）	
宝元二年（己卯，1039）	3	二月，弟苏辙生。辙字子由，一字同叔，又称卯君，小字九三郎	四川眉山	
庆历二年（壬午，1042）	6	开始读书。知欧阳修、梅尧臣文名。 听眉州朱姓老尼讲孟昶宫中故事，能记宫词	四川眉山	后苏轼作《洞仙歌》(1082)
庆历三年（癸未，1043）	7	入天庆观北极院从道士张易简读小学。 得知石介《庆历圣德诗》	四川眉山	

年份	年龄	事迹	地点	相关作品
庆历五年（乙酉，1045）	9	父亲苏洵宦游四方，母程夫人亲自授书，读《后汉书·范滂传》	四川眉山	《记先夫人不发宿藏》《记先夫人不残鸟雀》《梦南轩》
庆历七年（丁亥，1047）	11	五月十一日，祖父苏序卒。苏轼于纱縠行隙地中得异石	四川眉山	苏洵《名二子说》；后苏轼作《天石砚铭（并叙）》
至和元年（甲午，1054）	18	与青神县乡贡进士王方之女王弗结婚	四川眉山	
至和二年（乙未，1055）	19	苏辙17岁，与史氏结婚	四川眉山	
嘉祐元年（丙申，1056）	20	1.三月，苏洵带领苏轼、苏辙赴京师应试 2.父子三人行至河南，马死于二陵，骑驴至渑池，停歇于奉闲僧舍 3.五月抵京师，馆于兴国寺浴室院 4.八月，于开封景德寺发解试。袁毂第一，苏轼第二，苏辙亦中举	河南开封	

年份	年龄	事迹	地点	相关作品
嘉祐二年（丁酉，1057）	21	1. 正月六日，参加开封省试。《刑赏忠厚之至论》被欧阳修误认为曾巩之作，列为第二名。省试结果：省元李寔。苏轼、苏辙合格 2. 三月五日至七日，仁宗亲试崇政殿。状元章衡。苏轼初列丙科第五甲，后升为乙科第四甲，赐进士出身 3. 四月八日，母亲程夫人病故，终年48岁。苏洵父子回蜀奔丧	河南开封	《刑赏忠厚之至论》
嘉祐三年（戊戌，1058）	22	在家丁忧	四川眉山	
嘉祐四年（己亥，1059）	23	丁忧期满。十二月，苏氏父子三人经嘉州走水路，出三峡。妻王弗随行，长子苏迈出生	重庆、湖北武汉	苏轼《初发嘉州》《郭纶》《南行前集叙》《渝州寄王道矩》《江上值雪，效欧阳体，限不以

年份	年龄	事迹	地点	相关作品
				盐玉鹤鹭絮蝶飞舞之类为比，仍不使皓白洁素等字，次子由韵》。苏辙《郭纶》
嘉祐五年（庚子，1060）	24	三月，苏氏父子抵达京师。朝廷授苏轼河南福昌县主簿，不赴	河南开封	《诸葛亮论》
嘉祐六年（辛丑，1061）	25	1.八月十七日，苏轼兄弟通过秘阁考试制科——贤良方正，能直言极谏 2.八月二十五日，仁宗亲试崇政殿制科试。苏轼三等，苏辙四等 3.苏轼授官大理评事，签书凤翔府判官厅公事。十一月赴凤翔，子由送至郑州。十二月十四日到任	河南开封	《魏武帝论》《辛丑十一月十九日，既与子由别于郑州西门之外，马上赋诗一篇寄之》《和子由渑池怀旧》

年份	年龄	事迹	地点	相关作品
嘉祐七年（壬寅，1062）	26	凤翔府判官任上	陕西凤翔	《病中大雪数日，未尝起观，虢令赵荐以诗相属，戏用其韵答之》
嘉祐八年（癸卯，1063）	27	凤翔府判官任上	陕西凤翔	苏辙《记岁首乡俗寄子瞻二首》；苏轼《和子由踏青》《和子由蚕市》
宋英宗治平元年（甲辰，1064）	28	十二月十七日，罢凤翔任，自凤翔赴长安	陕西凤翔	
治平二年（乙巳，1065）	29	1.正月还朝，判登闻鼓院。二月，除直史馆 2.五月二十八日，妻王弗病卒于京师，终年27岁	河南开封	《亡妻王氏墓志铭》
治平三年（丙午，1066）	30	1.在京师，直史馆 2.四月二十五日，父苏洵病逝京师，终年58岁	河南开封	

年份	年龄	事迹	地点	相关作品
治平四年（丁未，1067）	31	在家居丧	四川眉山	
宋神宗熙宁元年（戊申，1068）	32	1.十月，续娶王弗堂妹、王介幼女王闰之为妻。王闰之时年21岁 2.冬，与弟辙携家眷赴汴京，途中在长安度岁	四川眉山	
熙宁二年（己酉，1069）	33	二月，还朝，在京任殿中丞、直史馆、判官告院。反对王安石实行新法	河南开封	《石苍舒醉墨堂》
熙宁三年（庚戌，1070）	34	1.在京任殿中丞、直史馆、判官告院，权开封府推官，十二月罢开封府推官 2.二子苏迨生	河南开封	
熙宁四年（辛亥，1071）	35	1.在京任殿中丞、直史馆、判官告院，迁太常博士 2.六月，上书神宗，论朝政得失，请求外任，得通判杭州差遣 3.七月离京。十一月到杭州任	河南开封	《腊日游孤山访惠勤、惠思二僧》《游金山寺》

年份	年龄	事迹	地点	相关作品
熙宁五年（壬子，1072）	36	1. 任杭州通判 2. 欧阳修病逝 3. 三子苏过生	浙江杭州	《秀州报本禅院乡僧文长老方丈》《六月二十七日望湖楼醉书五绝》
熙宁六年（癸丑，1073）	37	任杭州通判	浙江杭州	《宝山昼睡》《饮湖上初晴后雨二首》《於潜僧绿筠轩》
熙宁七年（甲寅，1074）	38	1. 任杭州通判 2. 王朝云入苏家 3. 罢杭州通判，以太常博士、直史馆权知密州军州事。十月离杭北上，十二月到密州任	浙江杭州	《金山寺与柳子玉饮，大醉，卧宝觉禅榻。夜分方醒，书其壁》
熙宁八年（乙卯，1075）	39	知密州	山东诸城	《江城子·乙卯正月二十日夜记梦》《江城子·密州出猎》《超然台记》 《蝶恋花·密州上元》 苏辙《超然台赋》

年份	年龄	事迹	地点	相关作品
熙宁九年（丙辰，1076）	40	知密州	山东诸城	《水调歌头·明月几时有》《薄薄酒二首》
熙宁十年（丁巳，1077）	41	1.知密州 2.二月，改知徐州 3.四月二十一日到达徐州任所	山东诸城、江苏徐州	《阳关曲·中秋月》《快哉此风赋》
元丰元年（戊午，1078）	42	知徐州	江苏徐州	《答黄鲁直书》《次韵黄鲁直见赠古风二首》《〈虔州八境图〉八首并叙》《中秋见月和子由》《永遇乐·明月如霜》黄庭坚《上苏子瞻书》《古诗二首上苏子瞻》
元丰二年（己未，1079）	43	1.知徐州 2.三月，改知湖州。四月，到湖州任所 3.七月，被弹劾。八月十八日，苏轼被押赴御史台狱勘问，史称"乌台诗案"	江苏徐州、浙江湖州、河南开封	《大风留金山两日》《湖州谢上表》《予以事系御史台狱，狱吏稍见侵，自度不能堪，死狱中，

年份	年龄	事迹	地点	相关作品
		4. 十二月二十九日，获释出狱，责授水部员外郎、黄州团练副使，本州安置，不得签书公事		不得一别子由，故作二诗授狱卒梁成，以遗子由》
元丰三年（庚申，1080）	44	1. 二月一日，到黄州贬所，寓居定惠院 2. 五月二十九日，迁居临皋亭	湖北黄冈	《西江月·世事一场大梦》《寓居定惠院之东，杂花满山，有海棠一株，土人不知贵也》《迁居临皋亭》《安国寺浴》
元丰四年（辛酉，1081）	45	1. 谪居黄州 2. 二月，故人马正卿哀苏轼乏食，为请郡中故营地数十亩，使得躬耕其中，地在城中东坡	湖北黄冈	《东坡八首（并叙）》
元丰五年（壬戌，1082）	46	1. 谪居黄州 2. 二月，于东坡筑雪堂，自号东坡居士 3. 七月十六日，与道士杨世昌泛舟赤壁	湖北黄冈	《赤壁赋》《后赤壁赋》《临江仙·夜归临皋》《寒食雨二首》《卜算子·黄州定慧院寓居作》

年份	年龄	事迹	地点	相关作品
		4.十月十五日，再与杨世昌、潘大临游赤壁 5.十二月十九日，东坡生日，与郭遘、古耕道置酒赤壁矶下，李委作新曲《鹤南飞》以贺		
元丰六年（癸亥，1083）	47	1.谪居黄州 2.九月二十七日，朝云生子苏遁	湖北黄冈	《水调歌头·黄州快哉亭赠张偓佺》《记承天寺夜游》
元丰七年（甲子，1084）	48	1.正月，苏轼移汝州团练副使，本州安置，不得签书公事 2.四月，别黄州 3.七月二十八日，幼子苏遁夭折	湖北黄冈、江西庐山、江苏扬州	《题西林壁》《天石砚铭（并叙）》《去岁九月二十七日，在黄州，生子遁，小名干儿，顽然颖异。至今年七月二十八日，病亡于金陵，作二诗哭之》《黄州安国寺记》
元丰八年（乙丑，1085）	49	1.三月，宋神宗驾崩，终年38岁 2.五月，司马光荐举苏轼，诏命复朝奉郎起知登州	山东蓬莱、河南开封	《书陈怀立传神》

年份	年龄	事迹	地点	相关作品
		3.十月十五日，到登州 4.十月二十日，接诰命，以礼部郎中召回京 5.十二月到京，迁起居舍人		
宋哲宗元祐元年（丙寅，1086）	50	在京师任中书舍人、翰林学士	河南开封	
元祐二年（丁卯，1087）	51	在京师任翰林学士、知制诰、兼侍读	河南开封	
元祐三年（戊辰，1088）	52	在京师任翰林学士、知制诰、兼侍读	河南开封	
元祐四年（己巳，1089）	53	1.在京任翰林学士、知制诰、兼侍读。连续上章乞求外任 2.三月，以龙图阁学士充浙西路兵马钤辖知杭州军州事 3.七月三日，到杭州	河南开封、浙江杭州	《以玉带施元长老，元以衲裙相报，次韵二首》
元祐五年（庚午，1090）	54	1.知杭州。疏浚西湖，筑堤，杭人名之苏公堤	浙江杭州	《杭州乞度牒开西湖状》《六一泉铭（并叙）》

年份	年龄	事迹	地点	相关作品
元祐六年（辛未，1091）	55	1.正月，自杭州内调为吏部尚书，二月改以翰林学士承旨 2.五月二十六日，抵达京师。遂即又被任命为翰林学士承旨兼侍读 3.八月，诏以龙图阁学士知颍州 4.闰八月二十二日，到颍州	河南开封、安徽阜阳	《杭州召还乞郡状》《洞庭春色（并引）》《赵德麟字说》
元祐七年（壬申，1092）	56	1.正月，自颍州移知郓州，不久改知扬州 2.三月十六日，到扬州 3.七月，以兵部尚书兼差充南郊卤簿使召回 4.十一月，为卤簿使导驾景灵宫，迁端明殿学士兼翰林、侍读学士，守礼部尚书	安徽阜阳、江苏扬州、河南开封	《洞庭春色赋（并引）》
元祐八年（癸酉，1093）	57	1.在京师任礼部尚书 2.六月，除知定州	河南开封、河北定州	《梦南轩》《中山松醪赋》

年份	年龄	事迹	地点	相关作品
		3.八月一日，继室王闰之卒于京师，终年46岁 4.十月，至定州		
绍圣元年（甲戌，1094）	58	1.知定州 2.四月，落端明殿学士、翰林侍读学士职，贬知英州 3.闰四月，离定州，至汝州会苏辙，苏辙分俸使苏迈、苏迨归宜兴，苏轼与苏过、朝云同行 4.六月，责授建昌军司马，惠州安置，不得签书公事 5.九月，度大庾岭（梅岭）。十月二日，抵惠州	河北定州、广东英州、广东惠州	《朝云诗（并引）》《过大庾岭》《记游松风亭》
绍圣二年（乙亥，1095）	59	谪居惠州	广东惠州	
绍圣三年（丙子，1096）	60	1.谪居惠州 2.七月五日，朝云病逝，终年34岁	广东惠州	《悼朝云诗（并引）》

年份	年龄	事迹	地点	相关作品
绍圣四年（丁丑，1097）	61	1. 谪居惠州 2. 四月，责授琼州别驾，移送昌化军安置 3. 五月抵梧州。十一日与子由相遇于藤州，相处一月，同行至雷州，六月十一日相别渡海 4. 七月二日到儋州	广东惠州、海南儋州	《吾谪海南，子由雷州，被命即行，了不相知。至梧，乃闻其尚在藤也。旦夕当追及，作此诗示之》《夜梦（并引）》《桃榔庵铭（并叙）》
元符元年（戊寅，1098）	62	谪居儋州	海南儋州	《次韵子由浴罢》
元符二年（己卯，1099）	63	谪居儋州	海南儋州	《被酒独行，遍至子云、威、徽、先觉四黎之舍，三首》
元符三年（庚辰，1100）	64	1. 遇赦，六月离儋州 2. 奉敕复朝奉郎提举成都府玉局观，在外州军任便居住	海南儋州、广东广州	《澄迈驿通潮阁二首》《六月二十日夜渡海》《与谢民师推官书》
宋徽宗建中靖国元年（辛巳，1101）	65	1. 正月，度梅岭。停留虔州四十日，之后继续北上 2. 六月抵常州，寓于孙氏馆，上表请致仕 3. 七月二十八日，病逝于常州	江西赣州、江苏常州	《余昔过岭而南，题诗龙泉钟上，今复过而北，次前韵》《自题金山画像》

年份	年龄	事迹	地点	相关作品
崇宁元年（壬午，1102）		闰六月二十日，苏轼与王闰之合葬于汝州郏城县钓台乡上瑞里小峨眉山		苏辙《亡兄子瞻端明墓志铭》

图书在版编目（CIP）数据

自爱自在：苏东坡的生活哲学 / 衣若芬著 .— 成都：天地出版社，2023.10
ISBN 978-7-5455-7859-1

Ⅰ.①自… Ⅱ.①衣… Ⅲ.①苏轼（1036～1101）–哲学思想–研究
Ⅳ.①B244.99

中国国家版本图书馆CIP数据核字（2023）第132793号

著作权合同登记号：图进字21-23-199

ZIAI ZIZAI: SU DONGPO DE SHENGHUO ZHEXUE

自爱自在：苏东坡的生活哲学

出 品 人	陈小雨　杨　政
作　　者	衣若芬
责任编辑	郭　明
责任校对	马志侠
装帧设计	仙境设计
责任印制	王学锋

出版发行　天地出版社
　　　　　（成都市锦江区三色路238号　邮政编码：610023）
　　　　　（北京市方庄芳群园3区3号　邮政编码：100078）
网　　址　http://www.tianditg.com
电子邮箱　tianditg@163.com
经　　销　新华文轩出版传媒股份有限公司

印　　刷　玖龙（天津）印刷有限公司
版　　次　2023年10月第1版
印　　次　2023年12月第2次印刷
开　　本　787mm×1092mm　1/32
印　　张　7
字　　数　105千字
定　　价　39.80元
书　　号　ISBN 978-7-5455-7859-1